快停止吧，
无效社交

田宇 著

中国华侨出版社

北京

前言

很多人生活中都有过这样的经历：手机通信录、QQ、微信中似乎有很多成就了一番事业的人，甚至不乏名人，但自己基本与他从来没有过交集，有什么紧急的事情需要帮忙时，把各种通信名录翻了好多遍，也找不出一个可以给予援助的人；更悲哀的是，对方也几乎没有联系过自己……这就是所谓的无效社交，是指那种无法给你的工作、生活、精神、感情带来任何进步和愉悦感的社交活动，其实也就是无效的人际关系。真正的有效人际关系，能在关键时刻为了共同的利益着想。有效的社交是成就他人的社交，因为成就别人的同时你也会成就自己。

在人际交往的过程中，搜集与组织自己的关系网是有可能的，但试图维持所有关系似乎是不可能的，而想要在现有的人际网络内加进新的人或组织就更加艰难。因此，在建立社交关系的时候，必须学会筛选、放弃。换言之，你必须随时准备重新评估早已变得无效的人际关系，对现有的人际关系重新整理，放弃对自己已不再有意义的组织和人。这是生活中我们必须做的。筛选虽然不易，但仍是可以做得到的，有失才有得，会有更好的人生等待着我们。

国际知名演说家菲立普女士曾经请造型顾问帕朗提帮她做造

型设计。菲立普女士说："整理出来的衣服总共分成三堆：一堆送给别人；一堆回收；剩下的一小堆才是留给自己的。"有许多我喜欢的衣物都在送给别人的那一堆里，我央求帕朗提让我留下一件心爱的毛衣与一条裙子。但她摇摇头说不行，这些也许是你喜爱的衣物，但它们却不适合你现在的身份与你所选择的形象。由于她丝毫不肯让步，我也只得眼睁睁地看着自己的大半衣物被"逐"出家门。我必须学着舍弃那些已不再适合我的东西，而清理衣柜也渐渐地成为我工作与生活的指导原则。不论是客户也好，朋友也好，衣服也罢，我们必须评估、再评估，懂得割舍，以便腾出空间给新的人或物。我也常用这个道理与来听演讲的听众分享，这是接受并掌握生命的一种方法。

你衣柜满了，需要清理与调整，以便腾出空间给新的衣服。同样的道理，你的人际关系也需要经常清理。很多时候，当你要跟某人中断联系时，你根本无须多说什么。人海沉浮，当彼此共同的兴趣或者话题不复存在，便是分道扬镳的时候，中断联系其实是个顺其自然的过程。

很多人不但没有享受到社交带来的好处，反而淹没在爆炸性的碎片信息中，在无穷无尽的无效社交关系中挣扎，深受其累。如果你也是这样的人，想要获得有效社交，却又不知道从哪里开始，那么这本书就很适合你。本书教会你从更广阔的视角处理交往中遇到的各种情况和问题，避免无效社交，以便更好地掌握各种人际交往的技巧，走上成功之路。

CONTENTS 目录

第四章　余生很贵，一定要和优秀的人在一起

第五章　与朋友互利共赢，让你的社交创出效益

👥!

第一章

不要在别人的世界里
浪费自己的时间

你的人生有哪些社交圈

对于"圈子"这个词语，我们并不陌生。所谓"圈子"，简单说来就是具有共同兴趣爱好或为了某一特定目的联系在一起的人群。中国有句古话叫作："物以类聚，人以群分。"圈子便等同于这里所说的"群"。

圈子在我们的生活中无处不在。按照不同的分类方法，可将圈子划分为多种类型，其中最主要的分类方法有以下两种：

首先，以圈子对个人的重要性为依据，可将其划分为核心型圈子、紧密型圈子和松散型圈子三种类型。核心圈子是指对个人的事业发展起关键性作用的圈子。以一名销售从业人员为例，他的核心型圈子包括他的老板、上司、同事以及重要客户等。紧密型圈子是在核心型圈子的基础上进行适当扩展形成的圈子。松散型圈子则是指日后可能对自己的事业发展起作用的圈子。

其次，以圈子的起源和形成原因为依据，可将其划分为亲戚圈、同学圈、同事圈、老乡圈、兴趣圈等多种类型。这是我们在日常生活中最常用的圈子分类方法，以此为依据划分出来的几类圈子也是我们人生中最重要的圈子。

先说亲戚圈。人一生中的大多数圈子都要依靠自己的力量去创造，唯独亲戚圈是与生俱来的。但凡跟你有一丁点血缘关系的人，都能进入你的亲戚圈。俗话说："血浓于水。"建立在血缘关系基础上的亲戚圈，是最牢固可靠的一种圈子。

中国人普遍具有浓厚的宗族观念，特别是在封建社会，一人得势，往往能带动整个家族势力的崛起。比如，汉高祖刘邦的皇后吕雉，在刘邦死后独揽朝中大权，吕氏一族在朝中的风头因此一时无两；清朝末年，曾国藩成为朝中重臣，整个曾家随即成为权倾一时的名门望族。

虽然现在中国人的宗族观念相较于过去已经淡了很多，亲戚圈中的凝聚力也没有过去那么强了，但亲戚依然是一种价值较高的人脉资源。

然后是同学圈。同学圈是因共同学习产生的一种人际关系。需要注意的是，同学圈不仅包括时间相对较长的小学、中学、大学形成的同学关系，还包括各类短期培训班乃至会议形成的人脉。关键在于你能否抓住机会，将这些看似与你没什么交集的"同学"，发展为自己的人脉资源。

当然，我们通常所说的同学圈主要指的还是小学、中学、大学期间形成的人脉。这类同学圈是我们人生中的基本圈子，圈内人在最初交往时通常都不带有任何功利性质，因而更容易形成深厚、稳固的感情。也正因为这样，当你遇到困难时，同学圈中的人往往会为你提供无私的帮助和支持，助你渡过难关。然而，很多人在走出校园后，便疏于跟昔日的同学联络，白白浪费了这种宝贵的人脉资源，这是很不足取的。

接下来是同事圈。相较于亲戚圈和同学圈，这个圈子出现得比较晚，当你走出校门，走上社会之后才会出现。不过，这却是你停留时间最长、接触最频繁的一个圈子。因为这个圈子里的人从事的都是相同或相近的工作，所以当你在工作中遇到问题时，他们能在第一时间向你提供帮助。利用好同事圈，会对你的事业发展起到极大的推动作用。

但需要注意的是，同事圈在形成之初，其性质主要包括两个方面：一是合作，二是竞争。因此，对你而言，同事圈中的人往往具备双重身份：第一重是跟你合作密切的拍档，第二重是跟你竞争激烈的对手。置身于同事圈，既要懂得与拍档通力合作，也要学会利用对手激励自己不断前行。只有能力与智慧兼备的人，才能笑到最后。

跟着是老乡圈。有句俗语叫作："老乡见老乡，两眼泪汪汪。"对于漂泊在外的人来说，老乡圈是一个非常重要的圈子，圈中人的交往虽然也有功利性质，但很多时候，他们更看重的是感情。当你初到一个地方时，老乡会帮你安身立足；当你陷入困境时，老乡会向你伸出援手。很多热衷于到外地做生意的人，平日里重视老乡圈子，大家相互扶持，相互帮助，最终结成了成功的商人群体。

以温州人为例，温州人素以做生意见长，生意遍布全国乃至全球各地。这些在外地经商的温州人非常重视老乡关系，经常聚在一起做生意，有钱大家赚。北京城郊著名的"温州村"就是在此基础上发展起来的。在素有"世界屋脊"之称的西藏，也出

快停止吧，无效社交

现了温州商人云集的"温州街"。走出国门的温州商人对老乡关系更加看重，他们甚至在法国巴黎建立了"温州街"。现在有近十万温州人居住在巴黎的十三区和十四区，这些温州老乡平时交流说的都是温州话。

如果你初到外地，人生地不熟，要想尽快在当地立足，不妨寻求你在当地老乡的帮助。

除了上述几类圈子外，还有兴趣圈。

这个圈子是由一群有着共同爱好的人凑在一起形成的，例如车友会、球迷会、驴友帮、影迷会等。这个圈子里的人在交往过程中基本没有任何功利性质，因此关系通常都比较简单、相处比较融洽，属于娱乐性质的圈子。

另外，我们在日常生活中还经常提及的朋友圈，其实是一个具有综合性质的圈子，亲戚圈、同学圈、同事圈、老乡圈、兴趣圈等均可纳入这个圈子。因为朋友是一个内涵丰富而模糊的词语，你的亲戚、同学、同事、老乡、网友等都可以说是你的朋友。甚至可以说，朋友一词囊括了一切与你有社会交往的人。

与什么人交往，你就会成为什么人

中国有句古话："近朱者赤，近墨者黑。"意思是，一个人跟什么样的人交往，就有什么样的性情。美国也有一句类似的俗语："和傻瓜生活，整天吃吃喝喝；和智者生活，时时勤于思考。"因此，要想了解一个人，了解跟他关系最亲密的几个人很有必要。

在一个以"创造财富"为主题的论坛上，一名发言人为现场观众做了这样一个测试：他让每位观众在一张纸上写下与自己相处时间最长，与自己关系最亲密的六位朋友的姓名，然后写下他们的月收入，算出他们月收入的平均数。发言人断言，这个平均数便接近于现场观众本人的月收入。结果果然如他所言，现场观众对此很是惊讶，但细想之下，这不过是"近朱者赤"最直观的一种表现。

有这样一件事：一名记者访问一群放牛娃，问他们为什么要放牛。放牛娃说是为了攒钱。记者问，攒钱是为了做什么。放牛娃说是为了娶老婆。娶了老婆以后呢？生娃。生了娃以后做什么？放牛。这就是放牛娃所能想象的整个世界。他们对除此之外的世界一无所知，因而也无法产生追求新世界的念头。如果有人能在这时引导他们了解外面的世界，便很有可能改写他们的命运。有些到贫困山区支教的老师深谙这个道理。他们在教孩子们学习书本知识的同时，还将那个更美好的世界展现在了他们面前，鼓励他们努力走出身边的贫困圈子，走向外面更宽阔的圈子。

反观那些富人，他们之中有上进心的人会千方百计进入更富的人组成的圈子，因为只有在这样的圈子里，他们才有可能变得更富有。以李嘉诚的儿子、被誉为香港"小超人"的李泽楷为例。据说，李泽楷家的餐厅中挂着很多他与政要名人的合影，其中甚至有他跟新加坡前总理李光耀，以及英国"铁娘子"撒切尔夫人的合影。另外，李泽楷与比尔·盖茨，以及索尼集团董事长出井伸之等商界名人也都有交往。这些政治、经济名人共同铸就了李泽楷的圈子，这个圈子对李泽楷事业的发展功不可没。

其实，绝大多数事业有成的人在事业发展之初都是一无所有，但他们并不甘心如此生活下去，而是积极结交各个圈子的成功人士，最终在这些成功人士的帮助下，由一文不名到功成名就。

有些人总是抱怨命运不公，但比尔·盖茨却说，这个世界原本就是不公平的。你没办法改变这个世界，只能改变自己。而改变的第一步，就是要进入一个优秀的圈子，结交能改变你命运的人。

社交圈不对，一切都白费

我们总说，圈子对了，事就成了。反过来，若是圈子没选对，那么你所做的努力将大打折扣。

选择工作岗位，其实就是选择自己的工作圈子，一定要根据实际情况做出最恰当的选择。在现实生活中，很多原本可以成就大事的人因为选错了圈子，一直郁郁不得志。为什么世界上有那么多有才华的不得志者？很多情况下是因为他们选错了圈子。选错圈子，就会给自己的人生带来很大的负面影响。

还有一些人，他们在选择圈子时的总体方向没有错，但是缺乏魄力，没有选择更有发展空间的大圈子，而是选择了处处受限的小圈子。刚开始时，他们可能觉得不会有什么关系，但时间久了，他们的能力提升了，小圈子便无法满足他们的发展需要了。若他们不能及时跳出小圈子，进入大圈子，便很难再有进步的空间。

在现实生活中，选错圈子的原因有很多，但归纳起来不外乎两种：第一种是对自己和圈子的认识不够。我们在选择圈子之前，务必要认真了解一下自己和自己想要进入的圈子，这样能有效避免犯错误。第二种是被逼选择了错误的圈子。这种情况在我们身边随处可见。例如，现在社会上就业压力很大，很多学生在毕业之后为了谋求生计，不得不选择从事跟自己的专业、兴趣、志向毫无关系的工作。他们起初都对自己说，这只是权宜之计，等将来积攒了一定的资本后，自己一定会跳槽，去做真正想做的工作。但随着时间的推移，他们在现有的工作岗位上越来越安定，便逐渐丧失了跳槽的勇气。

除了上述两种原因外，还有一些人在一开始并没有选错圈子，但后来圈子的性质发生了变化，让他们也跟着一起倒了霉。最典型的莫过于《水浒传》中的梁山一百零八名好汉。他们原本以为自己选择了一个适合自己的圈子，却因为宋江执意接受招安，被朝廷设计陷害，最终死的死，伤的伤，走的走，一场轰轰

快停止吧，无效社交

烈烈的梁山泊起义，最后却以失败告终。又比如清末的太平天国起义。太平天国的统治阶层原本是一个很稳定的圈子，但后来因为内讧不断，实力迅速削弱，最终被清廷剿灭。

了解自己的需要，才能做到有效社交

要选择适合自己的圈子，首先要对自己有全面、深入的了解，尤其要了解自己的人际交往能力。因为只有这样，才能找出自己人际交往中的优点与缺陷，进而寻求最适合自己的圈子。

要了解自己的人际交往能力，可以主要从三个方面入手：第一是朋友的年龄分布；第二是朋友的行业分布；第三是朋友的能力强弱。

先说年龄分布。如果你的朋友之中既有二十多岁的年轻人，又有三四十岁的中年人，还有五六十岁的老年人，就说明你是一个人际交往能力强的人，既善于跟年轻人学习新鲜事物，又善于跟中老年人学习经验和智慧。但如果你的朋友基本都是跟你处于同一年龄段的人，就说明你的人际交往能力相对较弱。为此，你要积极融入不同年龄段的圈子，这会对你的个人成长和事业发展大有帮助。

再说行业分布。如果你的朋友遍布社会各行各业，职位有高有低，从大公司的高层管理人员到普通公司的小职员应有尽有，就说明你的人际交往能力非常强。反之，如果你的朋友不是你的同行就是你的同学，就说明你的人际交往能力较弱。针对这一情况，你要积极融入不同行业、不同等级的人组成的圈子，努力结交各个层次的朋友。

最后是能力强弱。如果你有很多能力比你强、地位比你高的朋友，就说明你有较强的人际交往能力，能够积极结交比自己优秀的人，从他们身上吸取成功的经验教训，并寻求可能的提携与帮助。但如果你的朋友都跟你的社会地位差不多，甚至很多人的地位要低于你，就说明你的人际交往能力有所欠缺。说到底，就是你自信心匮乏，不愿跟比自己优秀的人交往。这种做法必将严重损害你的上进心，导致你不思进取，故步自封。为此，你要鼓足勇气，进入强者云集的圈子，成为积极进取之人。

了解自己能帮助我们更好地选择圈子，而进入圈子，跟圈中人交往，又能帮我们进一步了解自己。了解自己看似简单，实则相当复杂。在现实生活中，很少有人能准确地描述出自己的性格、能力和优缺点。由于不了解自己，很多人在面对选择时极易被外界左右，犯下致命错误。而圈子却能帮助我们更好地了解自己，避免错误。因为了解自己最好的方法就是跟周围的人比较，借助别人的眼睛看清楚自己。正所谓"当局者迷，旁观者清"。

圈子不同，不必强融

选择圈子时，首先要了解圈子。而了解圈子最好的方法就是了解圈内人。毕竟，有什么样的圈子，就有什么样的圈内人。如果你能准确地对圈内的活跃分子进行判断，你也就能准确地判断这个圈子到底怎样。

了解一个人，可以从多个方面入手，最直观的莫过于直接观察。这里所说的观察，主要是针对一个人的精神状态。一个整天得过且过、不思进取的人，无论如何都不值得结交。因为这种人缺乏热情和责任感，关键时刻总是临阵脱逃，不是可信赖之人。如果一个圈子里的活跃分子，甚至代表人物是这个样子，那这个圈子绝对好不了。

除了精神状态以外，我们还可以通过日常活动的细节来了解圈内人。中国有句古话叫作："成大事者不拘小节。"但实际上，小节更能反映一个人的性格。晚清重臣曾国藩就是通过小节识人的高手。

据说，有一回，李鸿章命三名新晋将领去拜谒曾国藩，并于事后询问曾国藩对这三名将领有何看法。曾国藩说："脸上长麻子的那个日后必定会有一番大作为，高个子的那个也不错，只有矮个子的那个前途有限。"李鸿章不解，曾国藩跟这三人只有一面之缘，凭什么做出如此论断。

曾国藩解释道："他们三人过来后，我叫他们在大厅中等候，等了足足一个时辰。其间，我不时到厅中走动，乘机观察他们的反应。结果发现那个脸上长麻子的很是愤怒，咬牙切齿，面红耳赤，他应是觉得我是故意羞辱他们，才叫他们在厅中等这么久。我见他如此威武不屈，便知他日后必定成就非凡。至于那个高个子，则一直冷静地站在原地，没有显示出半分怒意，可见此人性格沉稳，也是能成大事之人。反观那个矮个子，一见到我就规规矩矩地站好，我转身之后，他又马上放松下来，显然不是能做大事的人。"

事实果然如曾国藩所料。长麻子的便是后来大名鼎鼎的台湾首任巡抚刘铭传，高个子是后来的两江总督张树声，矮个子却寂寂无闻，只做到道员一职。

虽然现实生活中很少有曾国藩这样的识人高手，但只要我们努力积累生活经验，多阅读相关的书籍，便能掌握一定的识人技巧，从其圈内人的行动细节中对其性格有大致的了解，进而了解其所在的圈子。

除此之外，要了解圈内人的性格，从其兴趣爱好入手也是一个不错的选择。比如，了解他看的书、听的音乐、喜欢的运动等。

一个人读的书，往往能直接反映他的性格。例如，喜欢读名人传记的人，通常都很有野心，很有能力，并且相当谨慎，做事之前一定会将利弊得失研究清楚，绝不贸然行动；喜欢读历史书的人，通常都是实干家；喜欢读侦探小说的人，通常都

快停止吧，无效社交

喜欢迎接挑战，不喜欢一成不变的生活；喜欢读科幻小说的人，大多很有想象力，喜欢为将来制定计划；喜欢读恐怖小说的人，大多觉得生活沉闷，想寻求刺激；喜欢读言情小说的人，大多敏感、乐观、重感情；喜欢看娱乐杂志的人，大多口才很好，且乐观开朗，喜欢给别人带来欢乐；喜欢读时尚杂志的人，大多很注意自己的外表，爱面子，希望能在别人心目中留下好印象；喜欢读报纸和新闻杂志的人，大多很现实，愿意去了解并接受新鲜事物。

一个人听的音乐，同样能表现其性格。例如，喜欢流行音乐的人，通常都喜欢轻松、自在的生活方式；喜欢爵士乐的人，通常都很感性，做事喜欢跟着感觉走，不喜欢被束缚，讨厌一成不变的东西，这种人往往很有人格魅力；喜欢摇滚乐的人，通常都很愤世嫉俗，害怕孤独，只喜欢跟自己志同道合的人交往；喜欢古典音乐的人，通常都很理性，喜欢自我反省，这种人往往都是孤家寡人，要想走入他们内心深处，绝非易事；喜欢乡村音乐的人，他们情商高，在圈子里有着很好的影响力。

一个人喜欢的运动，也能体现出其性格。以球类运动为例：喜欢打高尔夫球的人，多是胸怀宽广、毅力强大的成功人士；喜欢打网球的人，多是文化素质高的人，同时也是社会上比较成功的一批人；喜欢打篮球或踢足球的人，都是富于激情、敢想敢干的人。

找对朋友圈，离成功更近一点

每个人都需要朋友。结识一些相互欣赏、有情有义的朋友对一个人的事业、生活是极其重要的。然而，人心有异，在交朋友之前，年轻人先要学会洞察其是不是真心。只有选对的朋友，对我们才更有益、更有帮助。

吴明上大学后违背父母的意愿，放弃医学专业，专心于创作。值得庆幸的是，一次偶然的机会，她遇到了知名的专栏作家田恬，并成了知心朋友，无所不谈。经田恬悉心指导，吴明不久便寄给父母一张刊登自己文章的报纸。一个人在遇到挫折时得到的帮助是很难忘的，更何况是朋友。吴明与田恬的关系好得不得了。她们一同参加鸡尾酒会，一同去图书馆查阅资料。吴明还把田恬介绍给所有她认识的人。

但这时的田恬正面临着不为人知的困难：她已经拿不出与名声相当的作品了，创作源泉几近枯竭。

一次，当吴明把她最新的创作计划毫无保留地讲给田恬听时，田恬心里闪过了一丝光亮。她仔细听完，不住地点头，脑中产生了一个罪恶的想法。

不久，吴明在报纸上看到了她构思的创作，文笔清新优美，署名是"田恬"。吴明谈到她当时的心情时说："我痛苦极了，其

快停止吧，无效社交

实，如果她当时给我打一个电话，解释一下，我是能够原谅她的，但我面对报纸整整等了3天，也没有任何音讯。"

半年之后，吴明在图书馆遇到了田恬，她们互相询问了对方的生活，很有礼貌地握手告别。

自那件事以后，她们两个人都停止了创作。

可见，交友时要有一定的识别能力。和一个人交往时要判断对方和你交往的动机是什么，是看重你的人还是别的。如果是纯粹看重利益，那就不必深交，如果能达到互利互惠，当然也不妨交往一下。

应该明确的是，朋友的甄选并不能单凭你感情上的好恶作为标准。因为如果你只是凭自己喜欢与否来选择朋友，那会使你失去很多有价值的朋友。有的人可能你第一眼看上去感觉就不舒服，或者因为他模样长得怪，或者因为他不讲卫生，或者因为他语言不雅，但这只是你的第一印象，也许在你了解他以后，会觉得他是你最可信赖的朋友。

物以类聚，人以群分。看看对方周围都是些什么人，即可知道他是否值得你交。如果对方的朋友都是一些不三不四、不伦不类的人，他的素质就不会太高；如果他结交的都是些没有道德修养的人，他自己的修养也好不到哪里去。所以，了解了一个人的朋友也就大概了解了这个人。

想了解一个人，还可以观察他是怎样对待别人的。人在得意时，特别爱诉说他与别人交往的情景，他说的时候是无意的，不会想到正是说者无心，听者有意，此时得到的信息一般比较真实。

有一种人可能当面批评你，指出你的缺点来，却又在你面前夸奖别人的优点。你也许不愿接受他的这种直率，但这种人却是非常值得信赖的，可以做你的好朋友。

要知道哪些人不可交，关键是要在生活中对其行为有比较理性的判断，如此你便会交上真正的朋友。

你想成为什么样的人，就跟随什么样的人

选择一个良好的环境，能够改变我们的思维与行为习惯，直接影响我们的工作与生活。同理，朋友也可以影响我们。如果我们经常与优秀的人交往，自己也会向好的方向发展，反之亦然。

生活中，我们在不经意间都会受到来自环境的一些潜移默化的影响，从而不知不觉地改变自己的言行。正如西晋思想家傅玄所说："近朱者赤，近墨者黑。"

欧阳修是北宋时期著名的文学家、史学家和政治家。他在文学上取得了卓越的成就，创作了大量优秀的散文和诗词。尤其是他的散文，简洁流畅，丰富生动，富于感染力。他还为当时的文坛培养了一批人才，像苏洵、苏轼、苏辙、曾巩、王安石（他们都是唐宋散文八大家之一）等，都出自他门下。

快停止吧，无效社交

欧阳修在颍州府（今安徽省阜阳市）当太守的时候，有位名叫吕公著的年轻人在他手下当差。有一次，欧阳修的朋友范仲淹路过颍州，顺便拜访欧阳修。欧阳修热情招待，并请吕公著作陪叙话。谈话间，范仲淹对吕公著说："近朱者赤，近墨者黑。你在欧阳修身边做事，真是太好了，应当多向他请教作文写诗的技巧。"吕公著点头称是。后来，在欧阳修的言传身教下，吕公著的写作能力提高得很快。

《论语·里仁》云："见贤思齐焉。"如果一个人周围都是一些道德高尚的人，那么这个人也会通过努力去赶超他们，正如上述的例子。同样，如果一个人总是与一些道德素质低的人交往，久而久之，他的品性也很容易变得恶劣。

年轻的寿险推销员杰克来自蓝领家庭，他平时也没什么朋友。华特先生是一位很优秀的保险顾问，而且拥有许多赚钱的商业渠道。他生长在富裕家庭中，他的同学和朋友都是学有所长的社会精英。杰克与华特的世界根本就是天上地下，所以在保险业绩上也有着天壤之别。杰克没有人际网络，也不知道该如何建立网络，不知道如何与来自不同背景的人打交道，而且人缘也一般。一个偶然的机会，杰克参加了开拓人际关系的课程训练，杰克受课程启发，开始有意识地向保险领域颇有建树的华特学习，并且和华特建立了良好的私人关系。他通过华特认识了越来越多的人，事业上的新局面自然也就打开了。

杰克的成功一定程度上得益于他的朋友华特和其人际关系。所以，和什么样的人在一起，自己的未来或许就是什么样子。与强者交朋友，自己往往会变得更强；和一无是处的人做朋友，自己则可能会变得更加颓废，更加一无是处。

因此，二十几岁的年轻人，你想做什么样的人，就要向什么样的人学习。你想成为一个成功者，就要努力和成功者站在一起。与成功者为伍，有助于在我们身边形成一个"成功"的氛围。在这个氛围中，我们可以向身边的成功人士学习正确的思维方法，感受他们的热情，了解并掌握他们处理问题的方法。

有时决定一个人身份和地位的并不完全是他的才能和价值，而是他与什么样的人站在一起。所以，如果二十几岁的你想取得成功，就必须积极向成功人士学习，与他们站在一起。

你的"圈子"，决定你的位置

我们中国有句古话："近朱者赤，近墨者黑。"美国人也有句谚语：你能走多远，在于你与谁同行。如果你想展翅高飞，那么请你多与雄鹰为伍，并成为其中的一员；如果你成天和小鸡混在一起，那你就不大可能高飞。曾经有人采访比尔·盖茨成功的秘诀，他说："因为有更多的成功人士在为我工作。"陈安之的《超级成功学》也提到：先为成功的人工作，再与成功的人合作，最后是让成功的人为你工作。你与之交往的人就是你的未来。犹太经典《塔木德》里有句话：和狼生活在一起，你只

快停止吧，无效社交

能学会嗷叫。同样，和优秀的人接触，你就会受到他们良好的影响。

德国行为学家海因罗特在实验中发现一个十分有趣的现象：刚刚破壳而出的小鹅会本能地跟随在它第一眼看到的自己的母亲后面，但如果它第一眼看到的不是自己的母亲，而是其他活动物体，比如一条狗，一只猫或一个玩具鹅，它也会自动地跟随其后。尤为重要的是，一旦这只小鹅形成了对某一物体的跟随反应，它就不可能再形成对其他物体的跟随反应了。这种跟随反应的形成是不可逆的，也就是说小鹅只承认第一，却无视第二。这种现象后来被另一位德国行为学家洛伦兹称之为"印刻效应"。"印刻效应"在人类的世界里其实也并不少见。经常与酗酒、赌博的人厮混，你不可能进取；经常与钻营的人为伴，你不会踏实；经常与牢骚满腹的人对话，你就会变得牢骚满腹；经常与满脑"钱"字的人交往，你就会沦为唯利是图、见财起意、见利忘义之辈。

物以类聚，人以群分。什么样的朋友，就预示着什么样的未来。如果你的朋友是积极向上的人，你就可能成为积极向上的人，假如你希望更好的话，你需要结交一些比你更优秀的朋友，因为只有他们可以给你提供成功的经验。

人是一种社会动物，每个人都有自己的人际圈子。大家的区别在于：有的人圈子小，有的人圈子大；有的人圈子能量高，有的人圈子能量低；有的人会经营圈子，有的人不会经营圈子；有的人依靠圈子飞黄腾达，有的人脱离圈子捉襟见肘、一事无成。

无论你的圈子有多大，真正影响你、驱动你、左右你的一般不会超过八九个人，甚至更少，通常情况只有三四个人。你每天的心情是好是坏，往往也只跟这几个人有关，你的圈子一般是被这几个人所限定的。

因此，和什么样的人交朋友，和什么样的人形成"势力"范围，又和什么样的人组成圈子，其实是一个很值得我们严肃、认真思考和对待的问题，甚至会是你终身最大的一件事。

从桃园三结义的契约成立之日起，刘关张在人际关系上结成圈子，在管理上组成班子，在利益上凑成合伙制摊子。为了发展自己，刘备的小圈子奔走于袁绍、曹操和刘氏宗亲等圈子之间，在各类圈子里找靠山、占位置、寻找机遇和资源。

曹操看重刘关张的实力，想整体招安。刘备一分配合，两分应付，七分发展自己，利用曹操圈子的资源经营自己的小圈子。曹操看重关羽的才能，想用帽子、银子、女子、位子诱惑关羽，而关羽却死活不上道。

赵云本来不在三人圈子，他办事谨细，逐渐获得三人信任，先进圈子，后进班子，长坂坡冒死救幼主刘禅有功，最终进了刘备的核心圈子。

三顾茅庐后，诸葛亮经招聘入了刘备的摊子，进了领导班子，但人际关系与三人圈子和"四人帮"有本质区别。

诸葛亮、庞统、徐庶等招聘来的专业人士在外人看来是骨干，是圈内人，但在核心圈子人物的心里，他们在摊子，在班子，不在圈子。徐庶在刘备阵营时是圈内人，被曹操强行招聘

快停止吧，无效社交

后，既脱离了老圈子，也进不了新圈子，只好保持沉默，一言不发，成为曹营里最孤独的人。

在刘备的大圈子里，以诸葛亮为首的文臣与以关羽为首的武将因来历、专业、情趣、志向、习性不同而不同。文臣好安静，偏好舞文弄墨，武将爱热闹，偏好打闹娱乐。文臣与武将"八小时之内"在一个工作圈子里走动，"八小时之外"各自在不同的生活圈活动。

所以，圈子决定一个人的位置，成功与否，很大程度上就看你是否有成功的"圈子"。人与人的竞争，有时候比的就是人脉资源。

良禽择木而栖

"良禽择木而栖，良臣择主而侍。"早在三国的时候这句话让所有的仁人志士所谨记和奉行，从而也因为这句话让很多的人选到了英明的主子而达到了自己所要追求的愿望，名留青史，让世人所敬仰。像诸葛亮、郭嘉、甘宁。然而也有人毫不在意，从而选错了主子。像田丰、沮授，他们有德有才，如遇明主，必能有所建树，贵为人臣。只可惜跟了袁绍，到最后没声没息地消失在历史长河之中。

东汉末年，皇纲失常，群雄逐鹿，十八路诸侯并起，历史已经证明曹操、刘备、孙权是能成大事之主，是良臣所择之主。综合分析他们的共同之处，找出他们共同具备的素质，不妨归为四个字：志、度、明、断。详述为：包裹宇宙之志，能容天地的度，言听计从的明，当机立断的断。常言说：千军易得，一将难求！英主也一样。同时也说明了带头人的重要性。

蛇无头不行，军无主将是乌合之众，从另一个方面说明了主将的重要性。当我们不能做一个领军人物之时，我们要做一个很好的跟随者，这个时候选一个"明主"跟随则是很重要的一件事。翻开中国的史书，正反两方面的例子不胜枚举。

选择社交圈时，要根据自己的能力、兴趣爱好和需要去选择，要踏入一个良好的社交圈里，只有这样，才能获益无穷。你最应当小心避开的是那些对自己无益的社交圈！

给自己找一个有希望的圈子

每个人有着各自不同的个性特点和兴趣爱好，甚至不同的价值观。我们可能因为学习或工作，处于某种正式的群体之中，需要面对很多与我们价值观不同、兴趣不合的人。在这种情况下，人们会缺乏归属感。然而，归属感恰恰是现代人最需要的。

心理学认为，人除了吃喝拉撒等基本生存需要之外，还有归属需求、审美需求等。当我们在正式群体之外寻找到一群和自己

快停止吧，无效社交

志同道合的人时，就会找到归属感。例如参加所属圈子的活动，在网上发帖等，这些都能让我们感到自己是一个被人注意、被别人需要的人。

那么，面对大大小小的圈子，该如何选择适合你的呢？从性格的角度来看，喜欢文学艺术的人可以去参加一些读书、绘画、舞蹈之类的团体，这个圈子里的人可以帮助你挖掘自己内心的声音；喜欢表演艺术的人，那么建议你参加合唱团、话剧社之类的组织，这样可以更好地实现自己的价值。

很多人喜欢不断地在一个个圈子中跳进跳出，这样自然无可厚非。但如果你真的想通过圈子结识一些好朋友，建议你最好不要跳得太过频繁，否则会让人觉得你"靠不住"。我们大部分人都熟悉由亨利·福特创造的有关追求幸福的一句经典语录："不管你是否相信自己能做成一件事情，你都是对的。"

圈子作为一种资源，不仅能在你需要帮助时伸手扶你一把，而且在相互交往中能使你学到许多东西，从圈子中获得一种受益终身的"人生资源"。在与人交往中，我们可以学到以下三个方面的知识和经验。

首先，通过与圈内人的交往，你能够更加深入全面地了解社会。人们要在这个社会中生存发展，就必须了解这个社会。我们习惯于从日常生活中了解这个社会，从别人的生活经验、书报杂志和传播媒介中了解社会。仅仅从生活体验中获得社会知识，其知识面非常狭窄，难以使我们作出准确的判断，这无疑是井蛙窥天。报纸和其他传播媒体所提供的也只不过是一张"地图"，地图的描绘毕竟与活生生的现实存在着千差万别。像这样由较狭隘的个人经验塑造出来的世界观，随着圈子的扩大，有可能慢慢地得到修正。

其次，在与圈内人的交往中，你能够更加深入、全面地了解自己。以为自己最了解自己，是每一个人都容易犯的一个毛病。事实上，我们对自己的认识极为有限，几乎无法具体地描述自己的个性、能力、长处和短处。一般情况下，人们所认为的"真正的自己"，通常只包括"有意识的自我"和"行动的自我"，而这些仅仅是自我的一部分而已。

全面地认识自己的唯一办法就是拿自己与周围的人比较，或者从与人的交往中逐渐看清楚别人眼中的自己。人们有时候必须在多次受到长辈的斥责和朋友的规劝之后，才能恍然大悟，真正拥有自知之明。"以人为镜，可以明得失。"失去了别人这面镜子，你将无法知道自己是什么样子。

最后，通过与圈内人的交往，你能够更加深入、全面地了解人生。漫漫人生旅途中，每个人无时不在受着他人的影响，这些人可能是父母、亲友，也可能是自己的上司和同事。从他们身上，我们不仅可以更全面地认识自己，而且可以更好地了解整个社会，同时也会从他们的生活态度中认识人生的另一个侧面。

"三人行，必有我师"，身边的每一位朋友甚至路人，他们其实都可以成为我们人生中的老师，因为每个人身上都有各自不同的长处。我们要善于取长补短。我们可以从他们的处世、思维的

快停止吧，无效社交

角度，甚至一个细微的动作或表情，学到人生的经验，这些是书本中学不到的"真金"。每个人总是在不断开发自己的人脉圈子，区别在于成功的人总是比别人具有更庞大和更有效的圈子。

合适的圈子才是最好的圈子

一个人如果置身于某一个不适合自己的圈子，就会别别扭扭、闷闷不乐；相反，如果一个人进入了一个适合自己的圈子，就好似如鱼得水。由此看来，一个人对圈子的选择比对圈子的艰辛经营更加重要。

学会用一双火眼金睛去鉴别圈子。可能有的人想急于融入某个圈子中，也不管这个圈子里的人是做什么工作的，大家有什么样的爱好，只要进去了，就很兴奋，但渐渐才发现圈子不一定适合自己，可能是自己选错了，对自己的未来发展并没有什么好处。鉴别圈子需要遵循下述几个原则：

第一，应该有一个自己发展的大致的方向，在这个方向上比较一致的，比较接近的一些圈子，或者说这种人脉关系，着重去发展。

第二，要了解自己的背景和能力。圈子会带给你一些共享的资源，同样你要给这个圈子带来一些卖点，一些资源，这时候你的背景跟你的这种能力，各种综合的情况，能不能给圈子带来一些益处，也变得尤为重要。你如果不够格，或者说没有资质，很有可能被这个圈子淘汰。

第三,一个圈子的利益取向决定于圈子里的人和他所处的职位。所谓"量体裁衣"就是这个道理,比如有的 HR 在公司任总监职位,那么他所谈论和要求就会以高管为标准,而一般经理人更倾向于个人职业发展。

但无论是选择还是建立适合自己的圈子,都要遵循以下原则:

1. 类我原则

所谓类我原则,指的是在结交时倾向于选择那些在人生经历、教育背景、世界观等方面都跟自己比较相似的人。因为"类我"更加容易信任与自己有相同看法的人,你感觉到他们在形势不明朗的情况下会采取和你一样的行动。更重要的是,和那些背景相似的人共处,通常工作效率会很高,因为双方对许多概念的理解都比较一致,这使得你们能更快地交换信息,而且不太可能质疑对方的想法。

2. 邻近原则

指上班族的社交网络中多是跟自己待在一起时间最长的人,用共同活动原则来建立社会关系网络。强大的社会关系网络不是通过非常随意的交往建立起来的,你必须借助一些有着较大利害关系的活动,才能把自己和其他不同类型的人联系起来。事实上,任何人都可以参加多种多样的共同活动并从中受益,包括运动队、社区服务团体、跨部门行动、志愿者协会、企业董事会、跨职能团队和慈善基金会等。

🚶‍♂️! 快停止吧,无效社交

第二章

你的社交有广度没深度，
有数量没质量

打造"实心社交"，杜绝"空心社交"

有很多人误以为人脉就是多认识人。出于这种心态，他们盲目地参加了许多社交活动，最后找到的却只是空洞无用的"社交"——空心社交。

空心社交，就是一种看似庞大、华而不实的社交。是那种"熟人到处有"，名片满天飞，还时常把"感情""交情"挂在嘴边的社交圈。通过这些关系结识的人，很多不但不能成为良师益友，给人积极向上的力量，有的时候还会拖人后腿。

李强大学毕业后，被分到一家市级银行的分行工作。刚开始工作，李强不但十分努力，还适时地和分行行长交流业务问题，虚心求教。很快，头脑聪明的他获得了行长的赏识。

几年过去，李强荣升为这家分行的信贷科科长。慢慢地，李强和社会上的一些朋友熟悉起来，你来我往，经常一起喝酒吃饭。这期间，正巧分行行长年事渐高，到了要退下来的时候，同时也有意让李强接替他的位置，于是就让李强做了代理副行长。老行长还经常带李强出席各类金融会议，使李强结识了许多金融界的重要人物。老行长嘱咐李强，要多多学习、多多联络，做好各种铺垫。

快停止吧，无效社交

但是年轻的李强没有听进老行长的一番话，心浮气躁的他在一大堆社会朋友的吹捧中渐渐迷失了方向，每天都忙着和社会上的朋友交际。慢慢地，大把的资金通过他的手借给了他的那些朋友。

而最终，许多借款都成为了坏账。李强风光无限的前途就这样被他自己给葬送了。

李强之所以自毁前程，就在于他没有分清人际交往中的主次，没有主动去掌控那些"实心人脉"——金融界的重要人物，却花了太多时间，陪那些挖空心思从自己身上获取利益的人吃吃喝喝。

在现实生活中，你和一位赌徒在一起，就会认识更多的赌徒；和一位白领在一起，就会认识更多的白领；和一位商界精英在一起，就会认识更多的商界精英。人脉的神奇之处就在于此。

随着一个人的交际网络变得宽广，朋友越来越多，难免会需要我们"厚此薄彼"，那么我们就必须学会关注人际网络中的核心人物，与他们保持良好的交际状态，也就是做成"实心人脉"。

所谓实心人脉，就是那种能和自己分享各种有用信息和工作心得，互相交流工作经验，在工作方面给予实际性帮助的"圈里人"。这是通过现代型的人脉管理方式，不断积累、拓展，最终形成的精华人脉。

很多"精英圈子"，为了便于行业内的工作交流，都实行一种高准入制度。他们不追求人脉的数量，而追求"实打实"的质量。如果条件"不成熟"，很难加入这些圈子。由此可见，要想真正建立"实心人脉"，必须结合自己的职业规划，积极传播个人的价值，让自己成为职场圈子里的一个容易被人认识、大家愿意认识的人。

上海的"IT经理人俱乐部"，就是打造"实心人脉"良性循环的例子。该俱乐部首先规定，凡是进入此俱乐部的人，必须同时符合三方面的要求：一是身在大型企业，最好是外企、合资企业或大型国有企业；二是这家企业要有完善的IT部门；三是必须是IT部门的负责人。这样一来，俱乐部的"准入门槛"就非常高，普通人很难进去。

而另一个"传媒人俱乐部"，则以"一个沙龙、一个关系网、一个时代"为口号，对会员要求"在媒体工作3年以上的总监级别人士"。对此，传媒人俱乐部首席执行官郭峰讲："会员的资质很重要，不是交会费就能接受你。因为我们要做最专业、最有影响力的传媒沙龙机构。"

而在成为两个俱乐部的会员之后，不但享有相应的权利，而且还必须履行一定的义务和职责，要不然就会被"开除"。

IT经理人俱乐部以"孕育中国本土的CIO"为使命，传媒人俱乐部致力于"探讨传媒运营、管理、市场运作，培养业界精英"。正是因为他们这样的"实心人脉"对于人脉"重质量不重数量"，所以给每位会员提供的利益都非常巨大，在这个圈子里，他们交流的是最尖端的信息和最新锐的理念。

实心人脉和空心人脉的差别之处显而易见。建立实心人脉的秘诀只有一句话：把人脉和事业结合起来！一方面努力把自己打造成精英，另一方面努力结交精英人脉，并通过人脉的力量，进一步提升自己的实力，实现良性循环！

快停止吧，无效社交

患难见真情，困难时哪些人会真心帮你

很多时候，我们在需要帮助时没有人拉我们一把，并不是因为我们朋友不够多，而是因为我们和已有朋友的关系不够深厚，也就是说缺少"关键性的关系"。关键性关系是你人脉中最核心的部分，他们和你有着相同的核心价值观，发自内心地希望你获得成功，会给予你真诚的关心和爱护，只要你提出一个请求，他们就会竭尽所能在第一时间帮助你，这就是所谓的关键性关系。上映于1946年的美国经典电影《美好人生》就展示了关键性关系的力量。

电影讲述了主人公乔治·贝利在圣诞夜丧失了对生活的信心，准备自杀。于是，上帝派了一个天使来帮他渡过这个危机。在天使的指引下，乔治看到了如果自己没有来到这个世界，很多人的人生会变得不幸和痛苦。他由此明白了自己生命的价值何在，重新鼓起了生活的勇气。

乔治住在一个名叫贝德福弗斯的小镇，他一直梦想去看看外面的世界，所以他在家族企业中努力工作，希望积攒足够的钱，然后离开这座小镇。可是，当他快要实现这个梦想的时候，不幸的事情发生了——他的父亲过世了。他不得不去继承家业，管理父亲一辈子积累下来的财富和事业，以免落入那位不择手段的竞争对手——可恶的波特先生手中。

从此，乔治的人生航船重新驶入了他当初一再逃避的那个方向。乔治没有离开这座小镇，也没有看到外面的世界。他依然守候在贝德福弗斯小镇，并且开启了美好的人生。他珍惜并维持与所有朋友的关系，他爱自己美丽的妻子和家人，并努力让整座小镇焕然一新。如果没有那份激情与坚持，他是难以做到这些的。

可是，不幸的事情又发生了。他将一大笔存款给了他的舅舅比利保管，但他舅舅却将这笔存款的消息泄露了，结果钱被偷走了，最终全部落入了可恶的波特先生手中，而且钱被隐藏起来。当乔治听到这个消息时，顿时有点惊慌失措。因为这很有可能会导致公司破产，自己也有可能因诈骗罪而锒铛入狱。面对这一连串的不幸，他却没有像常人那样向亲友求助，而是向他的"敌人"——波特先生求助。

看到这里，你有没有觉得乔治很荒唐？他居然没有直接去找那些认识他、关爱他并且信任他的人，而是去求助于自己敌人，这是不是有点儿不可思议呢？遇到这种情况，你是不是也会这样做呢？其实，通常情况下，自尊心会使我们羞于向那些与我们最亲近的人求助。这是为什么呢？因为我们会感到难为情，甚至觉得很丢脸，我们不想让朋友知道自己的难处。这种保持自尊的愚蠢行为只会让我们表现出虚伪的"自力更生"。事实上，朋友是相互的，需要相互的扶持。

如果我们只是乐意去帮助朋友，而不愿意让朋友也帮助我们，会怎样呢？显然，我们会变成第二个"乔治·贝利"，遇到难处就去求助于那些我们不认识，甚至是背地里捅我们一刀的人。这真是人生的一大谬误啊！

当然，乔治的求助被波特先生拒绝了，只能空手而归。那么，乔治有没有回心转意，去求助于他的那些朋友呢？答案是没有！他开始变得沮丧起来，甚至起了自杀的念头。

也许你会疑惑，事情有这么糟吗？如果你回顾自己的某段艰难岁月，或许就会感同身受，体会到乔治的处境。此时，乔治背靠着墙，心灵笼罩在茫然与恐惧之中，身心疲惫不堪，脑海里除了问题还是问题。整个人就像迷失在珠穆朗玛峰之上，前方似乎无路可走。

此时此刻换作你，你会怎么做？你会求助于谁？如果最近你失业了，或欠了一屁股债，或失去了你最爱的人，或许才会深刻体会到乔治的感受——无助、挫败和焦虑。如果用一个词来概括，那就是绝望。

幸运的是，乔治的妻子玛丽为他四处奔波，向他的那些朋友求助。这些朋友第一时间赶了过来，伸出他们的援助之手。那时，乔治才猛然发现人生中最伟大、最有价值的奥秘之一，即关键性关系的力量。

电影为我们揭示了一个重要的信息——关键性关系是支持你渡过难关的重要法宝。要想知道你的人脉当中谁是你的关键性关系，只需要问自己一个简单的问题："遇到困难时，哪些人会真心地帮助我？"对于关系网里的朋友，应该经常问问自己，认识这些朋友以后，发生了怎样的改变？他们对自己的生活和工作产生了怎样的影响？由此，你才能区分出谁是真正对你有益的朋友，谁是可有可无的朋友。

当你遇到困难时，找个人来帮帮你，但是谨记：不要随随便便找个人来帮你。有些一般性的普通朋友是不会在意你的困难和梦想的，除非这和他们自身的利益有关系。你不需要浪费时间向他们求助，也不需要向他们索取建议。因为一方面他们对你的情况并没有足够的了解，另一方面他们不会设身处地地站在你的角度去看问题。所以，从现在开始留心寻找并培养你的关键性关系，才是拓展人脉关键的事情。

不要试图和每个人搞好关系，真心朋友才是你社交的根系

有很多人都遗憾自己不能和每个人搞好关系，却不知道这是一种愚蠢的想法，而最不可思议的是社会上有这个想法的人居然有很多！

事实上，和每个人搞好关系是绝对不可能的。现实社会中矛盾无处不在，在学校、单位、团体、人群乃至家庭中比比皆是，只不过有深有浅而已。和每个人搞好关系，需要你投入巨大的精力和时间，这是一件不可能完成的任务。况且和每个人搞好关系，也就意味着你和每个人关系都一般。

这里需要再次强调，不要试图和每个人搞好关系，核心人脉才是你人脉的根系。我们来看看美国著名的东西方文化战略顾问

快停止吧，无效社交

鲍勃·比汀在他的著作《人脉：关键性关系的力量》中讲述的他女儿的朋友艾米是怎样从关键性关系中受益的。

一天，鲍勃在百货商店遇到了艾米，她告诉他，自己刚大学毕业。当鲍勃向她祝贺，并问她打算干什么时，她一脸惊讶，说："不知道，我听说现在的就业市场很糟糕，找到一份工作就不错了！比汀先生，我很迷茫。我像是瘫痪了一样，动弹不得。您有何建议吗？"

鲍勃知道，当一个人感觉自己无能为力并停滞不前的时候，是很难做出好的决定的。他也很清楚，艾米很有竞争力：她曾是一名学生运动员，在学校还是足球队的一员，参加过 4 年比赛。于是，他与艾米讨论了一下"100/40 社交法则"的问题，帮她分析：她已经拥有了由家人、朋友、教练与其他人组成的关键性关系网络，他们会非常乐意帮助她找到理想职业。就业市场已经不景气了，只有专注于找工作这件事，她才会变得更有力量，机遇也会应期而至，好的结果也会随之而来。并且，他还建议说，绝大多数公司希望在大学毕业生中看到两点：完成好工作所必备的良好态度和意愿。因此，做自己喜欢的事情是极其重要的。要不然，你不可能一直保持较高的热情和活力去获得成功。

在鲍勃的鼓励下，艾米将求职视为一场足球比赛，决定主动出击，参与到找工作的比赛中。两周后，艾米的母亲告诉鲍勃，他的一番话使一切都有了大大改观。艾米回到家后，浑身上下一股劲儿。她告诉父亲，她要写一份计划书，需要他的帮助。父亲又惊喜又费解地说："亲爱的，很不错嘛！好像我以前说过我可以帮你的吧？"在亲人的帮助下，艾米做好了充分的准备，设计了一套方案，专心致志，很快就找到了喜爱的工作，并且在两周内，她就从实习生转为正式员工。值得一提的是，艾米之所以获得了这份工作，是因为老板真正了解并喜欢她。她终究凭的是自己的能力与态度。

看到了吗，只有关键性的关系才是最愿意为你有更好的发展贡献力量的。甲壳虫乐队曾经唱过："帮帮我吧，我需要一个人！"可是，你知道下一句话吗？那是"帮帮我吧，但不是随随便便一个人"。

我们之所以不愿随随便便找个人帮忙，这是因为：

（1）随随便便找的人是不会在意你的梦想的，所以不用浪费你的精力去求助于他们。

（2）随随便便找一个人帮忙，很不靠谱。他们通常会站在自己的利益角度去提意见，而不会考虑你的得失。

（3）随随便便的一个人不太了解你，所以他们会忙于自己的事务，而不会停下来帮助你。

所以，不要随随便便就找个人帮忙。你求助的对象应该是你的关键性朋友，而不是其他任何一个人。关键性朋友不是随随便便的一个人，而是你的特殊朋友。

（1）这位朋友会真心地在意你和你的梦想，并且有能力和意愿去帮助你。

（2）这位朋友很靠得住。他们愿意花时间努力去作为一个可信赖的顾问指导你，通过各种可能的办法帮助你。

（3）这位朋友深刻地了解你、爱着你，而且能够为你付出心血。

几乎所有人都会一致认为，我们每一个人都需要朋友，这是因为"我们需要和朋友一起分享人生！"所以，多投入一点儿时

快停止吧，无效社交

间放在你的关键性朋友上吧。多联系他们，构建并培育属于自己的关键性朋友，因为到最后，关键性关系几乎会成为你生活的全部。你们相互准备着帮助对方。你此时认识的某个朋友也许将来会为你打开一扇重要的门，而且可能是在你最需要帮助的时候。

基于这个角度，你需要先明白下面两件事：

（1）你需要培育你的关键性关系网络，并帮助他们实现他们的目标与理想。

（2）你剥夺不掉他们帮助你的那份喜悦。

关键朋友的"100 / 40 社交法则"

搭建人脉的目的是为了实现我们人生的目标和梦想。然而很多人在拓展人脉的时候是非常盲目的，他们并不知道当下的人脉和自己的目标有什么联系，只是单纯地为了拓展人脉而拓展人脉。如果你的人脉对于你的成功没有任何意义，那么你的人脉本身也就失去了最重要的意义。鲍勃·比汀在畅销书中提出的"100/40社交法则"，为我们指明了一条运用人脉为成功搭桥的路。

鲍勃·比汀在研究中发现，虽然不同国家、不同地区的人对于拓展人脉有着不同的理解，但是无论哪个民族、哪个国家，拥有丰富人脉的人都在运用"100/40社交法则"，因为这是拓展人脉最简单、最有效的一种方法。

简单来说，"100/40社交法则"是指借助人脉中关键性关系的力量实现个人目标和梦想的一种方法。其中的数字"100"代表了你人脉中的关键性关系，而"40"代表你的各种目标。需要注意的是，法则中的100和40并不是确切的数字，每个人的情况不同，数字也会有所差异，100和40只是提供了一种关键性关系和目标之间大致的比例关系。

首先要做的，是明确你的"100"和"40"。纳入"100"范围内的一定要是你的关键性关系，它不包括普通意义上的朋友关系。然后，你要列出你的目标清单，也就是确定"40"。你可以在一张纸上写出你所有的目标，然后把它们放在显眼的位置，比如贴在你卧室的墙上，总之，要让自己经常可以看到它，以便明确方向感，不断地提醒自己集中精力实现目标。

接下来是最重要的一步，那就是把你的"100"中的关键性关系和"40"中的目标联系起来。你会发现，你的每一个目标实际上都会涉及某些人或者组织。因此，如果想要尽快实现目标，就要和这些人产生联系。所以，你需要把"40"中的目标与"100"中的关键性关系对应起来，让你的关键性关系为你的目标提供帮助。很多时候你的"100"中的关键性关系只是充当中间人的角色，而这种间接的帮助往往能起到至关重要的作用。

也许你会说，你可以很容易地列出整整一张纸的目标，但关键性关系却少得可怜。这并不妨碍你运用这一法则，不要忘了，地球上任何两个人之间最远的距离一般只有6个人，如果你能够充分运用好你的关键性关系，就会离目标越来越近。即使你的朋友不认识

快停止吧，无效社交

那些关键的人物也没关系，他们会努力通过其他方法来帮助你，别忘了他们是你的关键性朋友，而不是仅有点头之交的普通熟人。再退一步，即使你的关键性朋友真的无从下手帮助你，你也不妨静下心来听他们聊聊，也许他们的看法和建议正是你所需要的。

擅长交际的、成功的人都在实践着"100/40社交法则"，想办法把你的关键性关系和目标连接起来，就会起到事半功倍的效果。

一张图看清你的关键性关系

鲍勃·比汀在畅销书《人脉：关键性关系的力量》中介绍的关键性关系的结构图对于我们认识我们的人脉网很有帮助。鲍勃把关键性关系世界划分为6大圈子：（1）内部社交圈；（2）关键性关系；（3）同盟者；（4）拥护者；（5）熟人；（6）粉丝。如下图所示：

这些重叠的圆圈，呈现了我们的"关键性关系世界"所包含的不同圈子。它可以让我们想清楚，在自己的关键性朋友中，哪些人分别属于这6类群体，从而对自己的关键性关

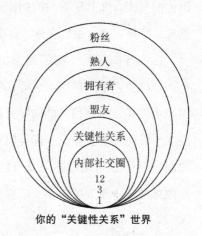

粉丝
熟人
拥有者
盟友
关键性关系
内部社交圈
12
3
1

你的"关键性关系"世界

系有一个非常清晰的认识，包括不同类型朋友的作用以及各自在对方的关键性关系网络中的位置。鲍勃是这样解释这些圈子的：

1. 内部社交圈

在内部社交圈，你拥有 12 位朋友，其中包括 3 位亲密伙伴和 1 位至交。

你最亲近的朋友属于你的内部圈子，对你影响至深。也许你并没有公开这些关系，但是在你内心深处，你一定很明白谁会对你起到这样的作用。

至少有两个人才能成为"朋友"。而在这个内部社交圈里，你和其他每个人都作出了选择，成了朋友。你和朋友之间，存在"心灵上的联系"，这是跟其他人所不具备的。我们称之为"你的不固定的 12 位朋友"。因为，在同一时间和地点，你几乎不可能召集到所有的 12 位朋友。

他们当中有些人可能居住在异地，你不会经常见到他们，并跟他们交流。尤其随着时间的流逝，你可能越发深刻体会到这种感觉。即使如此，他们在你心目中的地位依然不变。

在内部圈子的所有朋友当中，有 3 位朋友经常出现在你眼前，与你关系十分亲密。也许你们是同事，抑或你们的职业路径完全不一样，但你们却能向对方敞开心扉、无所不谈。有时，你们 3 个可能有机会聚在一起，但你们的大部分交流都只限于两人之间。尽管你和他们的关系可能会发生一些改变，但他们依然是内部圈子中重要的 3 个人。你与他们的交流相对来说是比较深入的。

快停止吧，无效社交

在这个亲密的群体中，通常包括一个最好的朋友，这个朋友与你心连心，紧密结合在一起。有时这种关系的亲密程度，甚至超过了你和家人的关系。

内部社交圈的朋友，都会深深地爱着你。不管你做什么，他都不会轻易抛弃你们之间的友谊。他们希望你能做真实的自己。同时，他们又非常乐意看到你能超越自我。当你清晰地认识到自己的梦想，这些朋友关系会像凿子一般，帮助你凿掉那些与你的梦想毫无关系的杂质。

2. 关键性关系

关键性关系是内部圈子得以拓展之后的朋友世界。这里，每个人都共享各自的核心价值观。唯一使这些人不能成为你的"内部圈子"朋友的原因，是接近度、机会多少以及时间长短上的差异。各自经验的分享，使得关键性朋友及内部圈子的朋友都喜欢一起行事。

生活中有一个小小的令人愉快的现象，那就是一旦某人在你的内心占据了一定的位置，他们的身影不会轻易消失。这就是朋友，而不是简单的熟人。

喜欢你的熟人，会希望你事事顺心。但朋友却会真正地去帮助你，因为他们很在乎你。你们各自在对方的内心都占据特殊的位置。你笑的时候，他们陪你笑；你哭的时候，他们陪你一起哭。为了你，在需要的时候，他们甚至会不顾一切挺身而出。如果你在朋友的家乡旅行，你最好宁可睡在朋友家的长沙发上，也不要去希尔顿酒店里的特大号床上过夜。你不可能解释清楚"朋友关系"的奥妙所在（朋友关系有种我们无法言传的神秘特质）。真正的朋友关系，纯粹是基于爱、忠诚及互相的尊重。道理也很简单，你的关键性朋友会帮助你，没有理由可言。

3. 盟友

盟友是基于一定的相似点或相互的关联而建立的盟约或朋友关系。

你通过自己的内部社交圈以及关键性朋友接触并与之建立联系的那些人，就是同盟者。他们也会时不时地将你介绍给他们的关键性朋友。这就形成了以上的重叠圆圈图。记住，我们都有各自的社交圈。当关键性朋友为你敞开大门，并邀请你加入时，你就有机会接触到新的优秀人群，他们每一个人都有各自的关键性朋友。也许你不会单独与你朋友的关键性朋友共餐，但是你从此拥有了能够帮助自己的同盟者，因为你的关键性朋友会请求他们帮助你。以上重叠的圆圈即为关键性关系的力量，并不同于一般意义上的关系网络。

4. 拥护者

在你追求梦想与实现目标的过程中，有没有可能，一个陌生人帮助了你？当然有可能！这是人生中最令人惊喜的事！他们被称为拥护者。拥护者被定义为：一个能够起到支持或保护作用的人，不管是口头的还是书面的。

很多时候，援助可以来自那些令人费解的地方。一些你不认识的人（但他们认识你），会站到你这一边支持你。他们敞开心扉，为你提供意见和建议。结果，你获得了一份理想职业，争取到了一个大客户，或成为一个项目成员。当然，拥护者也可以是你认识的某个人。不可否认，你希望自己的朋友能够为自己争辩，可是，当一个陌生人做出这样的举动时，无疑会引起你的注意。

5. 熟人

熟人之间只有一般意义上的有限认识，亲密程度远低于朋友。如果人们幻想和一般相识的熟人轻易结交成好朋友，这是一个非常大的错误。这个错误与熟人本身无关。我们每个人都有熟人，而且都需要他们。所有的朋友，刚开始也都仅仅是熟人而已。

6. 粉丝

粉丝是指热情的"信徒"、追随者或爱慕者。

粉丝是很重要的。如果没有他们，大型体育联赛、演唱会大剧院和广播公司就会失去观众和听众。粉丝是经济的车轮，推动着需求的提升，推动着各种事物的运转。

在个人的王国里，总有一些人会认为你很棒。他们认识你，遇见过你，阅读过关于你的消息，或者见过你公开表演。但是，在关键性关系的世界中，粉丝与其他人群之间存在一定的界限。

以上就是关键性关系的结构图，掌握了这些，你就可以初步尝试进行人脉资源管理，梳理自己的人脉结构。显而易见，关键性关系将是你今后经营人脉的重点。

建立"社交董事会"，拥有人生"导航仪"

有人说，获得成功的方法就是避免失败。而许多人之所以屡次走上失败的道路，就是因为没有人告诉他，他走错了。因此，我们需要一些人在关键时刻为我们提供专业的建议和帮助，他们就像是公司里的董事会一样，当我们面临问题时，董事会成员会帮你作出分析、提供决策建议。那么，在我们管理人脉的过程中，为自己组建一个社交董事会可以起到事半功倍的作用。社交董事会的成员应该包括以下成员：

1. 父母

也许你会有些惊讶，原来最重要的人脉资源正是自己最亲近的父母。也许你的父母不是政府官员，也不是企业董事长，但是父母绝对是这个世界上最信任你、最支持你的人。他们总会站在你的立场上分析问题，所有的打算都是为你着想，当你需要帮助，他们会竭尽所能为你想办法、谋出路。因此父母绝对是你人脉董事会的首席成员。当然，有的人因为各种原因和父母的关系不是很好，那么也可以选择其他长辈来代替。

2. 导师

职业导师会在重要的领域指导你，帮助你快速成长并且接触到很多工作机会与可能的选择，还能传授给你面试的技巧、在薪

快停止吧，无效社交

酬、合同方面给予建议和忠告。而一位富有智慧的生活导师则可以帮助你在情绪和精神上保持一种现实的生活态度和乐观良好的状态，帮你维持工作和生活的平衡。所以，你需要在重要的领域选择一至两位导师。

3. 最好的朋友

最好的朋友是你人生中很重要的人，他一定对你有着相当深刻的了解和认识，他会在你最需要支持的时候挺身而出，也会在你成功时告诫你不可得意忘形，以免你沉浸在自我膨胀和幻想的泡沫中难以自拔，他是你可靠的支持。

4. 法律顾问

在法治社会，生活中方方面面的很多问题都需要靠法律手段来解决。然而大多数人对于各种法律知识知之甚少，遇到问题不知道从何下手，也不知道向谁请教。所以你需要一位通晓法律的朋友，让他来做你的法律顾问。你的人脉中如果没有这样的人，那你可就要马上动身去结识一位了。

5. 金融和理财顾问

在我们身边，很少有人会专门寻求财务专家的建议。如果你不是非常喜欢或者擅长这方面，但打算要在这方面花大量时间研究的话，一定要留意那些在业内有过成功记录的人，和他们结交朋友，并发展更紧密的关系，这会让你的个人财务管理步入正轨。

6. 精神顾问

我们每一个人都会在某些事情上面表现出一些盲目的情绪，

因此我们需要一位明智的精神顾问在道德伦理方面帮助我们去好好领会。在心灵有障碍的时候能够和精神顾问谈一谈并领略其中智慧，我们将受益匪浅。

这6种人其实已经在我们的人脉之中，我们要做的就是把他们作为重点关系标记出来，当遇到事情的时候，就要去向这些人征询意见。如果你还不能建立这样一个"社交董事会"，那就说明你的人脉还不够健全，你还有一些需要认识的人没有认识，那么还是再去研读一下关于人脉的忠告吧！

社交"保鲜"术——用80%的精力管理20%的重点关系

"80/20法则"最初是由犹太人经商的智慧经验总结而来，意思是关键的少数往往是决定全局成败的主要因素。"80/20法则"不仅在经济和商业中得到验证，而且在人际关系中也同样适用。"80/20法则"说到底是一种优势选择的课题，虽然我们身边有很多朋友可以结交，但真正能起关键作用的人却只有那几个。因此，我们要注意集中精力，把大部分心思花在这些关键人物身上。

"老陈的朋友真多啊！看，出入他家里的那些朋友都那么气派！"一大群人围在一起议论纷纷，夸赞老陈人缘好。

小李不屑地撇撇嘴，嘲讽道："你再喜欢他，老陈也不会邀请

快停止吧，无效社交

你和他喝酒！这样说来你还不如他家的那条尖鼻子狗呢！"

见没有人理他，小李冷笑着继续说："他人缘好，会交朋友？简直是睁着眼睛说瞎话！他的朋友只不过都是小镇上的人。我每天都在镇上，他还不认识我呢！要说朋友，他肯定没有我的多，我认识镇上的好多人。"

这时，小李老婆发话了，"你朋友多？在一起吃喝玩乐罢了。"

众人皆笑……

虽说交朋友不能只为了办事方便，但小李老婆的话也有一定的道理，老陈的交际范围局限在一个小镇上，确实不够广，他却懂得和 20% 的关键人物建立良好的关系。

——在生活中，20% 的人给了我们 80% 的价值。

——我们 80% 的成功是因为掌握了 20% 的人际关系。

——20% 的朋友对我们的生活产生了很重要的作用。

用二八原理管理人脉，你需要遵循以下两点：

第一，让 80% 的人喜欢你，避开 20% 不必交的、不可交的人。

有些人没有必要深入交往，只要不让对方讨厌自己就行了，如有必要就聊聊侃侃，愉快地打发一段时间就够了。还有的人是不可交的，所谓"择善而交"也正是这个意思。和那些思想堕落、行动腐化、不思上进的人混在一起，只会把自己引上歧途，降低自己的人格，所以还是远离他们比较好。除去这些少数的人，努力让 80% 的人喜欢你就行了，不要苛求自己成为"万人迷"。

第二，和你生命中重要的 20% 的人建立深厚的感情和密切的联系。

俗话说："好钢要用在刀刃上"，每个人的时间和精力都是有限的，不可能和所有人维持亲密的关系。对于那部分最重要的 20% 的人，你要投入最多的精力来和他们拉近关系、发展友情，并且不断深化感情，因为和这些人的关系关乎你的成长和生存。多和学习、工作中的关键人物沟通，他们能帮助你顺利从业、愉快工作、寻求发展，这些关乎你一生的成就。

朋友也分不同类型

朋友之间是有亲疏的。首先，每个人的精力都是有限的，必然和一些朋友亲近一些，和另一些朋友疏远一些。其次，每个人性情不同，有的人能为朋友两肋插刀，有的人只有在不损害自己利益的前提下才会帮助朋友，更有的人会为了自身利益而背叛朋友。再次，朋友不仅是精神交往的伙伴，许多时候朋友之间可以互相帮助。因此，在不同时间、不同地点要首先想到那些对自己最有用的朋友。

朋友是分亲疏的。在你生死为难之际，能挺身相救的就是你最好的朋友，对这样的朋友，你能生死相托；而在你危难求助之时，先要考虑自己的利益再去帮助你的朋友，顶多也就算是半个朋友。这半个朋友也能称之为朋友。而有一种人，他只会在你荣华富贵之时巴结你，而你一旦落难，他躲你还来不及，更不会帮助你，这样的人无法称之为朋友。

某地有个很成功的商人，朋友无数，三教九流都有，他曾逢人就自夸，说他朋友之多，天下第一。后来有人问他："你这么多朋友，都同等对待了吗？"他沉思了一下说："当然不可能同等对待，要区别对待的！"他认为，虽然自己交朋友都是诚心的，但别人来和他做朋友却不一定都是诚心的。在他的朋友中，人格清高的朋友固然很多，但想从他身上获取一点利益、心存二意的朋友也不少。

很明显，"刎颈之交级""推心置腹级"和"可商大事级"的朋友，是可以交往的好朋友。我们也应该学习这位商人，在构建人脉网络图的基础上，对自己的人脉作一番分析和过滤，就会清楚现有的人脉究竟会在哪方面给你提供帮助，又在哪方面有所欠缺。具体说来，朋友可以分为以下几类：

1. 知己

他们是我们人生中很难找到的极少数朋友，他们可以诚意地夸赞我们的优点，也会接纳我们的缺点，处处诚心地为我们着想。他们像面镜子，能给予我们劝勉和鼓励；又像影子，永远对我们信任、支持，是维持我们精神健康的支柱。

不过，对于知己我们也有义务不断地付出，同样忘我地为别人利益着想。接纳、支持、聆听和帮助，是知己的责任。需要切记的是不要滥用知己的权利——知心朋友不等于"贴身"朋友，更不能要求对方完全同意自己、迁就自己。

2. "死党"

他们多是一些来往密切、与自己的生活圈子很接近的朋友，彼此有相同的思想、相同的遭遇，故而很容易谈得来，在行动上有默契地成为一伙，组成小圈子活动。

"死党"是我们日常生活的好伙伴，可驱除孤单感，增加自信心，为生活添加色彩和热闹，是有需要时最好的支柱。

但若要与"死党"相处愉快，就需要大家彼此迁就，不执意独行，有合群的性格，才能发挥联合的力量。"死党"有事求助我们时要挺身给予援手，常加鼓励，看作是自己的事情。不过，可不要仅陶醉在这个"小圈子"里，完全排斥外界朋友。否则，可能会失去很多宝贵的友谊。

3. 老友

他们是与我们很熟悉、相识多年的老朋友，如老同学、一起长大的玩伴等。虽然大家见面的机会未必很多，但彼此熟悉，每次相逢都能天南地北地亲切交谈。他们不是知己，有困难时未必会想到我们；大家的性格也未必接近，不过友谊倒是经得起考验，值得我们去珍惜和主动自然地关心。不要因为彼此来往少而让友谊中断。

4. 来往密切的朋友

因为活动圈子相同，我们可能会交到一些接触密切的朋友，如上司、同事、老师、同学等。虽然他们很熟悉我们的生活小节，但未必是那些互相了解、可倾诉心事的人。

对于这些朋友，虽然大家每日共事，但不能对他们要求太高，因为彼此都没有什么承诺和默契。但起码相处应不忘礼貌、言行一致、态度真诚，因为他们正是最能看透我们言行、工作能力和态度的人，不要老摆出外交式的笑容和虚假态度。

5.单方面投入的朋友

有些人可能对我们很着迷和信任，常把心事向我们倾诉，但我们没有那种共通及推心置腹的感觉。也有些时候，我们对某人特别崇拜倾慕，而对方却未必有热烈的反应。这种不平衡的关系多产生在一些不同位置的朋友之间，如老师与学生、班长与同学、偶像与追星族等。不过，有时普通朋友间也有这种不平衡现象。

当受人仰慕的时候，可不要轻看和玩弄别人的友情，或有表示讨厌和高傲的态度，该尽力去助人成长，给予中肯意见，鼓励他发展独立精神，认识其他朋友。

当我们倾慕别人的时候，也不要成为他人的累赘，不要对别人盲目崇拜，过分倚赖他人，而应该积极从他人身上学习长处。

6.普通朋友

这类朋友占了我们朋友圈子的大部分。他们可以和我们扯东扯西，谈些无关痛痒的话题，不过交情上可是谁也不欠谁，不会令彼此牵肠挂肚。虽说是普通朋友，也可成为游乐时的好玩伴。有难事，也可向有专门知识的个别朋友请教。这些来自不同背景的朋友能在不同方面给我们提供必要的帮助，令我们感受到"相识遍天下"的温暖感觉。

7. 泛泛之交

大家的友谊仅止于认识的阶段，是点头之交，连普通话题也未必有机会聊上。大家若能做到见面时打打招呼，保持礼貌距离，就可以了。

把对手列入人脉库中最重要的 20%

一位动物学家对生活在非洲大草原奥兰治河两岸的羚羊群进行过研究。他发现东岸羚羊的繁殖能力比西岸的强，奔跑速度也不一样，平均每一分钟要比西岸的快 13 米。

几经努力，动物学家才明白，东岸的羚羊之所以强健，是因为在它们附近生活着一个狼群；西岸的羚羊之所以弱小，正是因为缺少这么一群天敌。

大自然的法则就是"物竞天择，适者生存"。没有竞争，就没有发展；没有对手，自己就不会强大；没有敌人，谈什么胜利。所以，别再诅咒你的对手与敌人，应该感谢他们，是他们促进了你的成长。

古印度有位英勇无敌的王子，某次征战之后，率兵得胜回朝。在盛大的庆功宴上，王子谦逊地举起金杯，向前辈、大臣、在座的将士以及黎民百姓一一表示感谢，甚至连为他牵马的仆人

快停止吧，无效社交

也没忘记，这使得大家深深感动。此时，旁边坐着的老国王提醒道："我的孩子，有一个最重要的人你还没向他致谢呢。"那王子怔了半晌，却想不起来，只好向父王请教。只听老人一字一句地说："你的敌人。"

这个故事不禁让人深思。

人的一生，无论顺利还是坎坷，注定要扮演"战士"角色，会遭遇大大小小的对手或敌人。战场上的真刀真枪自不必说，哪怕是在和平年代里，大到创新事业，小到一场牌局，同样需要艰苦奋战才能稳操胜券。

在许多时候，敌人和对手显得比朋友更真诚。他打败你时，绝对不会留什么情面；他嘲笑你时，那份冷酷刻骨铭心。是对手或敌人的强悍让我们昼夜习武，练成一身好功夫；是对手或敌人的狡诈，使我们时刻保持警觉之心；是对手或敌人的强大，鞭策我们卧薪尝胆，韬光养晦；是对手或敌人的智慧，激励我们不断学习、与时俱进；是对手或敌人的威胁，警醒我们谨小慎微、如履薄冰；是对手或敌人的穷追不舍，才使我们不断奋发图强，才使我们打败了真正的敌人——我们自己！

在第 27 届奥运会上，孔令辉在男子乒乓球单打决赛中，艰难地以 3：2 战胜瓦尔德内尔后，获得了冠军。全国人民为之欢呼雀跃，而主持人白岩松却说了一句让我们难忘的话："我们感谢瓦尔德内尔……"

是的，正如主持人白岩松所说，有了瓦尔德内尔这样一个强大的对手，让孔令辉有机会一展身手，才让孔令辉找到了真正意义上的对决。这样的对手，可使我们更强大。我们应该感谢对手。

生活中，竞争是无处不在的，对手也是无处不在的。正因为对手的存在，你才产生要打败他而成为强者的念头。这是人渴望胜利的本性，也是社会赋予人的机会。优胜劣汰，适者生存，这就是竞争，这就是要战胜对手的根本原因。有些对手阻碍我们成功，所以我们追求成功；有些对手阻碍我们生存，所以我们偏要活下去。因为谁也不想被淘汰出局，所以我们在对手的激励下变得越来越强大。

尽管如此，很多人并不感谢自己的对手，甚至还对对手心怀怨恨，其实这样的想法是不对的。只有珍惜对手，我们才有可能获得更好的成长，才有可能找到向上的动力。所以，在你的人脉库中，一定要给你的对手留出空位。

快停止吧，无效社交

第三章

自己没有实力，
不管认识谁都是白搭

亮出闪光点，摆脱"什么也不是"的状态

长久以来，很多人对于拓展人脉有一种很深的误解，认为认识的朋友多就等于人脉广泛，他们信奉所谓的"你认识谁，比你是谁更重要"。其实，在人脉这方面，最重要的不是"你认识谁"，而是"谁认识你"。也就是说，拓展人脉的过程，与其说是"我要认识更多的人"，不如说是"让更多的人认识我"。因此，拓展人脉的第一步就是要成为"别人渴望认识的人"。如果想要认识更多的朋友，那么首先要让别人看到你的价值，比如你的某种专长、能力或者特质。

以前很多讲人脉的书籍中都强调"要积极主动地认识新朋友"，却不强调提升自我的价值。看起来像是主动拓展人脉的方式，其实这是很被动的，因为选择权在别人手上。当你"什么也不是"的时候，是别人在选择你做朋友，而不是你选择别人。但是，一旦你有了自己的闪光点，成为"别人渴望认识的人"之后，主动权就重新回到了自己的手上，是由你来选择和某些人做朋友，而不是由别人来选择你。

也许你现在"人微言轻"，但每个人都有自己无可替代的价值。有效社交的第一步，就是自我设计，打造自己的闪光点，并

快停止吧，无效社交

且通过一定的方式和技巧把自己的价值传播出去，让更多的人认识自己。

打造闪光点，可以从自己的强项开始。每个人都有自己独特的能力，从自己独特的能力开始，是最容易打造闪光点的方法。

丹丹是一家饮料公司的业务主管，因为她平易近人、说话随和，所有的客户都喜欢和她谈话。每逢碰到同事和客户谈崩的时候，就会让她出马。只要她一去，不管什么冰山都会融化成一江春水。她个人的闪光点就是"化解矛盾的专家"。

每个人都应像丹丹一样及早找到自己的强项，尽量发挥，这是快速脱颖而出的秘诀！你的表现是你的最佳简历。我们必须做到处处打造自己的闪光点，让每个见过你的人都能记住你。若你果真有能力和风格，成功就离你不远了。

无论是打造闪光点还是个人品牌，你都要让别人一下就能记住你。想要建立广泛的人脉，就必须早日摆脱"什么也不是"的状态，把你的名字深深地印在别人的脑海中。

打造核心价值，成为别人乐于引荐的人

有位名人说过一句话："怀才，就像怀孕，怀得久了，必为人所知。"这句话使得很多有才华的人安于默默无闻，以为伯乐会自己送上门来。要知道，才华要为人所知，也得遇到识才之人。

如果不想怀才不遇，就要学会制造机会与贵人相遇，展示你的才华，打造你的核心价值。

盛唐时期，诗人王维想参加科举考试，请岐王向当时权势大的一位公主疏通关节，事先向主考官打声招呼。可是公主早已答应别人，为另外一位叫张九皋的人打过了招呼。岐王为王维出了个主意："你将写得最好的诗抄下十来篇，再编写一曲凄楚动人的琵琶曲，五天以后你再来找我。"

五天后王维如期而至。岐王将王维打扮成一名乐师，携了一把琵琶，一同来到公主的府第。王维演奏了一首琵琶曲，曲调凄楚动人，令人击节叹赏。公主非常喜欢这首曲子，于是迫不及待地问王维："这首曲子叫什么名字？"王维马上立起身来回答："叫《郁轮袍》。"公主对王维更感兴趣了。岐王乘机说道："这个年轻人不仅曲子演奏得好，还会写诗，至今在诗歌方面没有人能够超过他！"

公主越发好奇了："现在你手里有自己写的诗吗？"王维赶忙将事先准备好的诗从怀中取出，献给公主。公主读后大惊失色，说道："这些诗我从小经常诵读，一直认为是古人的佳作，竟然是你写的？"于是，岐王让王维换上文士的衣衫，再次入席。

王维在宴会上充分展示了自己的才华，成功塑造了自己的核心价值，因而得到了公主的赏识，并愿意成为王维的引荐人。从此以后，他的才华得到了世人的肯定，也给自己的满腔抱负找到了实现的舞台。生活中，我们应该像王维那样打造自己的核心价值，吸引别人为自己的成功助一把力。

快停止吧，无效社交

总之，要得到他人的帮助和关爱，就必须采取主动。正如人们常说的："老实人吃哑巴亏，会哭的孩子有奶吃。"不要以为自己有才华，就可以傲视一切、目中无人，而应该主动让别人看到自己的核心价值，让他发现你、肯定你，并给你指明一条发展的道路。这样，你的才能才不会被埋没，一步一步地接近成功。

创建个人品牌

可口可乐的老板曾经说，如果一大早醒来，可口可乐公司被大火烧了个干净，但仅凭"可口可乐"这4个字，一切马上就可以重新开始。这就是品牌的力量。

著名篮球运动员姚明，由于自己的精湛球艺而被选入NBA，多次入选全明星阵容。姚明的出色表现为火箭队带来了空前的商机和人气，火箭队在姚明身上获得了巨大利益。姚明在NBA的生涯中个人实际收入超过1.8亿美元，相当于6万名工人一年的工业增加值。若用于投资，可创造5万多个就业机会，而围绕姚明的产业开发，将会超过11亿美元。这就是个人核心价值的效益，也可以说是个人品牌的含金量。如果换作你我，能有这样的身价吗？不能！因为我们没有他们那样的品牌，所以就没有那样的身价。换句话说，我们的核心价值决定了我们的身价！

美国电影明星伍迪·艾伦说，只要在工作中为人所知，那么，你就成功了90%。对一个演员来说，这是至理名言。而对于想要吸引更多人脉的人来说，打造个人品牌、创建个人品牌同样重要。有了一个好的个人品牌，你的身价也会大大提高，大家会更愿意追随你，与你做朋友。

西武是一名毫不起眼的理发师。但是他对工作的态度近乎偏执。有一次，一个客人来理发，西武告诉对方，剪发大概要用40分钟的时间，对方没有异议。可是，剪到30分钟的时候，这位顾客突然接到一个电话，得马上走。西武坚持必须把头发剪完才能走，不然会影响到整体的效果。顾客很生气，但是西武仍然不肯放他走，并且再三强调要对自己的工作负责。顾客没有办法，只能留在店里把头发剪完。

半年后，那位顾客又来了，他笑眯眯地对西武说："上次因为在你这里剪头发而耽误了生意，我曾发誓再也不来这里剪发了，但后来发现其他理发店剪出来的效果都没有这里好，现在，我和我的朋友们只认你这一家理发店。"

尽管西武的理发店在街角最不起眼的地方，但是并不影响他的生意，每天都顾客盈门。理由很简单：这里面有一位很好的理发师，他总能把顾客的头发剪出最好的效果。

然而，"冰冻三尺，非一日之寒"，个人品牌的打造是一个需要慢慢培养和积累的过程。那么，我们要如何才能从根本上塑造好个人品牌呢？

第一，必须切身体会到自己是个人品牌的最大受益者，并全力以赴打造个人品牌。当然，自己也有可能是个人品牌的最大受害者，个中差别就在于你对如何塑造个人品牌的理解。例如，我们常说，一个人在公司打工，努力做好工作的最大受益者是自己，因为这样有助于树立自己的个人品牌，赢得丰厚的薪水和广阔的职场晋升空间。但是，很多人不会这样想，老是觉得这种想法有点虚，不实在，个人品牌谁会看得见？职场晋升空间在哪儿？不如寻找机会"偷闲"，轻松轻松。至于工作，只要混得过去就可以了。抱着这种态度做事，到最后只会"糊弄"了自己。

个人品牌是由内而外的，是一个人素质的综合展现。努力提升自己，虽然短期内大家不会关注到你，但是长期坚持下去，自己的个人品牌就会渐渐被大家认可。很显然，当个人品牌被广泛认可的时候，个人必将是"名利双收"，自然而然地成为最大的受益者。

第二，个人品牌必须以道德为基础。品牌即人品，这句话放在个人品牌上更容易理解，即一个人的人品决定一个人的个人品牌。人品有优劣，个人品牌形象也有优劣，但是二者不能轻易画上等号，因为人是一种善于伪装的动物，真假优劣需要认真辨别才能下定论。个人在树立自己的品牌时，应该努力克服自己身上的缺点，逐步提高自己的敬业精神。否则，再富有魅力的个人品牌如果不认真对待，早晚会"原形毕露"。

第三，个人品牌的形成要靠学习来支撑。在形成自己个人品牌的过程中，我们必须有终身学习的观念和行动。虽然很多人都在叫嚷着终身学习，很多人都会说自己知道终身学习的重要性。但是，仔细观察其行为，他们却只是停留在嘴上，根本就没有将终身学习的理念变成日常行为。时间一长，个人的综合素质得不到实质性的提高，个人品牌自然缺乏了核心竞争力。

如果你想在激烈的竞争中取得胜利，那么从现在开始，把自己当作一个品牌来经营吧！当你用优秀的个人能力吸引更多的人与你做朋友，也势必会吸引更多朋友的朋友为你的成功提供帮助。

自助者人助

人人都渴望好的机遇降临。好的机遇，是可以改变我们个人命运的，它能使人在短时间内发生翻天覆地的变化。也许昨天的你还是个无名小卒，今天却已经是闻名遐迩；也许昨天你还就着咸菜啃凉馒头，今天却坐在了五星级酒店的餐桌前。机遇就像一阵春风一样，来无影、去无踪，它不是随处可见的。所以，它值得我们好好珍惜，牢牢把握。机遇能够给我们带来成功，带来财富。我们不但要学会抓住机遇，更要善于寻觅机遇、开发机遇、创造机遇。

寻觅机遇、开发机遇、创造机遇，离不开个人的综合素质，更离不开人脉。曾经有人说："一个人70%的机遇来自人脉。"不善于经营人脉的人，即使遇到了迎面走来的机遇，也常常会视而不见，与之擦肩而过。

在前进的路上，我们可以没有背景，可以没有光环，但是，我们不能没有坚定的信念和经营人脉的理念。俞敏洪成功了，他成功的关键不仅在于善于经营市场，还在于擅长经营自己的人脉，善于利用自己的人脉资源。每当遇到关键时刻，他总能找到能够起关键作用的知心朋友，这就是人脉的力量。

人在职场中打拼，就如同侠客行走江湖。《射雕英雄传》中的黄药师独来独往，也照样需要朋友的帮助。我们不能随心所欲地选择命运，选择境遇，但是我们可以靠自己悉心经营的人脉来寻觅机遇、开发机遇、为自己创造机遇。

现在的社会，是一个交际的社会，一个人有了人脉，就拥有了开创新天地的本钱。不要抱着独自打天下的幻想，一个人的力量毕竟有限，众人的力量才可观。让朋友帮助你寻找机遇、发现机遇、创造机遇，并不代表你的能力不行；相反，这更说明你在经营人脉上做得非常出色，能出色地经营人脉，也说明了你的能力超过常人。

那么我们怎样经营自己的人际网呢？

（1）确立目标：把目标定得具体的人，更容易把自己的关系网联结起来。比如将媒体上频频曝光的本领域的人物树立为自己的职业偶像。将你的职业愿望用语言表达出来，然后确立你可以分步骤达到的目标。

（2）建立联系：每个活动都会为你提供扩大社交圈的机会。先思考一下，你希望认识哪些人，然后收集一些可以参与到与这些人交谈中去的信息。尽量适应环境，因为如果你要求自己至少要和 3 个以上的人攀谈的话，社交场合的应酬也会令你感到紧张。

（3）告诉别人：不管你在做什么，只要你不知道谁能够帮助你，就应该广泛"撒网"。将你的愿望告诉你所有碰巧遇到的人，这种口头广告肯定会让你受益匪浅。

（4）参加集会：除了正式的派对，还要积极参加各种集会。活动前、讲座间歇、午餐时或是在飞机候机室里，你都不要置身事外。8 小时之外也可获取事业的成功。

（5）收集信息：仔细而且积极地倾听，并通过提问让谈话朝你希望的方向发展。为了你的现在和将来，为了你自己和家人，应该收集一些联系方式和值得了解的信息。

"人气旺"的背后是"有价值"

在现实的社会中，"人气旺"其实是"有价值"的折射。当一个人有了能被他人"利用"的价值时，别人才会主动地接近、认识，从而他们可以得到需要的帮助。所以，想要有一个良好的人脉，去认识有"利用"价值的人是一种途径，但更重要的是，要打造自己，使自己成为一个有"利用"价值的人！

当你足够优秀，当别人看到了你的价值，那么你就会被认可、被重视：领导会考虑提拔你，给你更大的平台去展示；他人

快停止吧，无效社交

会去靠近你，期望你可以对他们有所帮助。相反，若你一直平凡，一直不被人所发现，那么你的机会就很小了，你始终在从前的小范围活动，没有扩展更大、更广、更有用的交际圈。而其他人在此期间却把事业和人际都处理得相当好。同时，由于心理失衡，容易产生怨天尤人的消极情绪，总觉得什么都不够理想，总觉得自己被埋没了。其实，是你没有展示出自己的价值，导致自己没有得到应有的平台。

比如，有很多人热衷跳槽，觉得在此公司没有发展前途，于是就跳到另一个地方，但跳来跳去也没有什么结果，反而浪费了大量的时间和精力。究其原因，就是他们只是忙着跳槽，而忽视了提高自身的价值。

赵欣在一家电脑公司做销售业务，业绩平平，每天上班的心情很郁闷。她总觉得自己不得志，是这个公司限制了自己的才华和发展。有一天，她终于忍不住了，对好友说："我要离开这个单位，我恨死它了！"

好友知道了来龙去脉后，建议道："我举双手赞成你离开，一定要给这个破公司点颜色看看。不过，你现在离开还不是最好的时机。"

赵欣问："为什么呢？"

好友说："如果你现在走，公司的损失并不大。你应该趁着在公司的时候，拼命地为自己拉一些客户，成为公司独当一面的人物，然后带着这些客户突然离开公司，公司才会受到重大损失，非常被动。"

赵欣觉得好友说得非常在理，于是努力工作。事遂人愿，经过半年多的努力工作后，赵欣有了许多的忠实客户，业绩与工资直线上升，给公司创造了不少经济效益。但是，她再也没有离开的打算了。

相信这个故事很多人都看过。一个人的工作经历，最终只能是为自己的简历增添几句叙述的文字而已。干的工作多并不能代表你有能力。只有在工作中体现了你的价值，让老板真正看到你有被"利用"的价值，有为公司提供更大的利益的价值，才会给你更多的机会。从职场推演到人生的其他方面，也是同样的道理——一个人只有不断提升自己被"利用"的价值，才能展现更多的才能，才会获得他人的青睐，自己的人脉网当然也会越织越广了。

能力是 1，人脉是后面的 0

是不是有了人脉就有了靠山、地位和金钱？当然不是。没有实力，就算认识谁都白搭。说到底，你要成为人脉网中的核心人物，打造一个属于你的精英团队，就必须成为精英中的精英。你不必样样精通，但必须有一样是在人群中大放光彩的亮点。

李炎是个性格活泼的小伙子，平时非常喜欢交朋友。上学的时候朋友们都叫他开心果，都很乐意跟他交往，所以，他学生时代的朋友很多，这也使得他一向自信他的人缘好。大学毕业后，他的亲戚托自己一位做总经理的朋友给李炎找了一份工作，试用期3个月，工作从销售做起。

来到新公司，他非常高兴，热情地和同事们打招呼，因为不熟悉业务，他常常会去找那些工作时间长、有能力的同事去请教，虽然他很谦虚，却没想到有些人对他总是不热情，有的甚至不爱搭理他。

开始他非常困惑，觉得同事之间不是应该相互帮助的吗？怎么他们好像怕自己抢了他们的业绩似的，都在防着自己？直到有一天，他无意中听到有两个同事在议论他："这个李炎成天假笑，不就是想从我这儿学到东西吗？可你瞧他那么笨，什么都不懂，什么也不会，对我一点好处也没有，还会造成我的客户资源外泄，真是烦人！"

另一个同事附和着说："是呀！他总是没事就过来搭讪，真讨厌！教他还不如教那个小刘呢，人家可是王经理带进来的人呢。"他们口中所说的小刘，也是跟李炎一起进公司的新人。

之前的同事又接口道："要论关系，这李炎还是总经理带进来的呢，可是他什么也不会，教他对我们的业绩也没有帮助，我们的业绩不好，总经理还不是一样让我们离职呀！"

李炎听到他们的对话后，心里憋着一股气，觉得公司里的同事太势利，完全和在学校里交朋友不是一个概念。但是他回头仔细想想，也不得不承认，在职场里，人们更看重的是你这个人有没有价值，值不值得帮助。有些人之所以对自己爱搭不理的，就是因为自己没有能力和经验。总之一句话：就是自己不具备让人信服、看好的条件。

明白这一点后，李炎在工作中非常努力，勤奋好学，还报名参加了职业进修班来提高自己的业务知识和技能。在接下来的工作中，通过他的辛苦努力，终于做出了些工作成绩，并顺利通过了试用期。他的工作业绩不仅得到了上司的赞赏，连先前那些对他不太友善的同事们也开始对他表示出好感，有的还表示要向他取经。

谁不希望与能力强的人为友呢？所以说，只有努力让自己变强，你才可能赢得更多的朋友。有人说人脉的最高境界就是互相帮助。当你发现某个人很优秀，可以交朋友，准备主动去和他建立朋友关系。结果人家经过对你的了解，发现你原来是金玉其外，败絮其中，那么很显然，人家不会有兴趣与你做朋友。

再换位思考一下，假如你认识这么个人，据说是有背景，可他的背景对你也没什么用处，而他平时没事从来不找你，既不能给你提供帮助，也不能给你情感上的需求，但是却一有困难就跑过来找你帮忙，这样的人，你会和他做朋友吗？恐怕你会躲着他走吧。朋友之间的关系不是单纯的索取或奉献，而是彼此互利互助。由此可见，如果你想获得朋友，那就必须提高自己的素质、道德修养及工作能力。只有这样，才能保证你和朋友之间形成良性的互利关系，而这也才是你们之间的关系保持稳固发展的根本。

把自己武装成"绩优股"

有句俗话叫："王婆卖瓜，自卖自夸。"虽然其中蕴涵了一些对自吹自擂者的讽刺意味，但这种自我宣传在某些情况下还是很有必要的。

社会就如同竞技场，有许多机会都是要靠自己去争取的。如果有能力，就应该自告奋勇地去争取那些别人无法完成的任务。千万不要让自己淹没在人群中，或者躲在被人们遗忘的角落里。成功者会让自己闪耀夺目，像磁铁一样吸引各方的注意。

有一匹千里马，身材非常瘦小，它混在众多马匹之中，默默无闻。主人不知道它有与众不同的奔跑能力，它也不屑表现，它坚信伯乐会发现它的过"人"之处，改变它的命运。

有一天，它真的遇到了伯乐。伯乐径直来到千里马面前，拍了拍马背，要它跑跑看。千里马激动的心情像被泼了盆冷水，心想：真正的伯乐一眼就会相中我，而他不相信我，还要我跑给他看，这个人一定是冒牌的。千里马傲慢地摇了摇头。伯乐感到很奇怪，但时间有限，来不及多作考察，只得失望地离开了。

又过了许多年，千里马还是没有遇到它心中的伯乐。它已经不再年轻，体力越来越差，主人见它没什么用，就把它杀掉了。千里马在死前的一刻还在哀叹，不明白世人为什么要这么对待它。

客观而言，千里马的一生是悲惨的，可以说是"怀才不遇"。它终年混迹于平庸之辈中，普通人不能看出它的不凡之处，伯乐也错过了发现它的机会。是谁导致了这场悲剧的呢？是它的主人，还是伯乐？都不是。怪只怪千里马自己，假如它当初能够抓住机遇，勇敢地站出来，在伯乐面前不顾一切地奔跑，表现出自己与众不同的优秀品质，用速度与激情证明自己的实力，恐怕它早就离开了那个狭窄的空间，到属于自己的广阔天地尽情施展才能了。

人们过去总说"酒香不怕巷子深"，但事实并非如此。试想，要有多么浓郁的芳香才能从深巷里传入人们的鼻中呢？又有多少人能够静下心来寻找这芳香的源头呢？再香的酒，只怕最终也不过落得个"长在深巷无人识"的结局。许多人常慨叹怀才不遇，却不知道能力是需要表现出来的，有本事就要发挥出来，不吭声、不动作，谁会知道你胸中的万千丘壑，谁会知道你是一匹"千里马"？

不少人总是满怀希望地等待着，期待伯乐发现自己、提拔自己。只可惜千里马常有，而伯乐不常有，并不是所有上司都独具慧眼，将机会拱手送上。在你做白日梦的时候，别的"千里马"，甚至是"九百里马""八百里马"们早已迎风驰骋，令众人瞩目，获得了充分展示自己的舞台。而默不作声的你，自然只能被淹没在无人问津的平庸者当中。

现实终究是现实，成功的机会不会自动跑到你面前来，一切

快停止吧，无效社交

都要靠你自己去争取。要知道，就算天上掉下馅饼，也要主动去捡，而且必须抢先别人一步。金子如果被埋在土里，就永远见不到它闪光。

因此，即便是实力再强的人，也要学会表现自己，要善于表现自己，这样才能让自己的优势展现于世人面前，才能使自己成为求才若渴的人们心目中的抢手货。

以现代职场为例，默默无闻、埋头苦干的人，往往不一定能够得到重用。一个成功的人，不仅要拥有雄厚的实力，还要善于表现自己，这样才有机会脱颖而出。

正如美国著名演讲口才艺术家卡耐基所言："你应庆幸自己是世上独一无二的，应该把自己的禀赋发挥出来。"在如今这个凸显自我价值的时代，实力已不是成功的唯一条件，还需把自己"捧红"，把自己"炒热"，这样才能扩大自己的影响力，赢得更多的人脉。

发掘自己的优势，着力发展自身长处

有哲学家说过这样一句话："一个人如果能意识到自己是什么样的人，那么，他很快就会知道自己应该成为什么样的人。"每个人都有自己的优势，发掘自己的优势、着力发展自己的长处，能够让你更容易获得成功，赢得他人的青睐与追随。

奥托·瓦拉赫是 1910 年诺贝尔化学奖获得者，在读中学时，父母为他选择的是一条文学之路，但老师的评语是："瓦拉赫很用功，但过分拘泥，这样的人即使有着完美的品德，也绝不可能在文学上发挥出来。"此时，父母只好尊重儿子的意见，让他改学油画。可瓦拉赫的成绩在班上是倒数第一，学校的评语更是令人难以接受："你是绘画艺术方面的不可造就之才。"一事无成的瓦拉赫让大多数老师对他的成才失去信心，只有化学老师认为他做事一丝不苟，具备做好化学实验应有的品格，建议他试试学化学。父母接受了化学老师的建议。这次，瓦拉赫的智慧火花一下被点着了，在化学领域取得了令后人尊敬的成绩。

人的智能发展都是不均衡的，都有智能的强点和弱点，瓦拉赫找到了自己智能的最佳点，才使自己的智能潜力得到充分的发挥，取得惊人的成绩。

歌德说："一个人不能骑两匹马，骑上这匹，就会丢掉那匹。聪明人会把分散精力的要求置之度外，只专心致志地学一门，学一门就要把它学好。"而你所学的这一门，一定要是你最熟悉、最擅长的一门。

那么如何发现我们的潜在优势呢？可以从以下 2 个方面来进行观察：

1. 从兴趣看优势

人们的兴趣所在往往就是其优势的"闪光点"。以贝多芬为例，这位世界级音乐大师早在 4 岁时就对音响与旋律产生浓烈兴趣，喜欢在琴键上来回按动。其祖父及时抓住这一"闪光点"，有意识地去培养他，结果贝多芬 8 岁时就上台表演，最终作为享誉世界的音乐家而流芳百世。

想发现我们的兴趣，主要要在平时仔细观察。

2. 从性格看优势

据德国科学家研究，人的个性是其优势的"显示屏"，最突出的例子在于判断人的行为是理性还是感性。密歇根大学的专家曾经对此问题进行过问卷调查，依据人在同别人发生意见分歧时的态度予以性格分类，并与现实的情况进行对照研究，发现那些意见一旦被否决就直掉眼泪的人感情脆弱敏感，这类人有艺术天分。

汉堡著名心理学家赫乐穆特尔勒的解释是：这类人从不试图解决冲突，因此长大后的内心世界比较丰富。而那些总想方设法在语言上达到目的、喜欢作立论性发言、显得自信的人，许多人成了法官、新闻记者或律师。至于那些不经过深思熟虑就脱口而出，为证明自己正确而捶胸顿足、态度咄咄逼人的人，则容易成为独来独往的管理者。

总之，了解自己，找到自己的优势，然后好好地经营它，那么久而久之，自然会结出丰硕的成果。如果你是一个不甘平庸、想成就一番事业的人，就在认识自己长处的这个前提下扬长避短，认真地做下去吧。也许你的优势还只是很小的一点点，需要经过长时间的积累和经营才能形成真正的实力，但请一定要持之以恒。只要坚决守住自己的阵地，绝不把最擅长的领域丢弃，那么你一定会成就自己。一个有成就的人，还发愁没有人脉吗？

多角度提升自己

世界金融投资界享有"投资骑士"声誉的吉姆·罗杰斯说过:"一生中毫无风险的投资事业只有一项,那就是——投资自我。"的确如此,最合适、最有把握、收益率最高的正是投资自己。提升自己,增强自己各方面的能力,不仅能让更多的人脉来到你身边,还可以让你在成功的道路上越走越顺。

具体说来,你该如何提升自己,从哪些方面入手呢?

1. 不要放弃学生时代所学

大概很多人会说:"大学里学的东西,对现在的工作一点帮助都没有。"如果因此就将从前所学抛诸脑后是很可惜的。人不太可能一辈子都做同一份工作,持续花费心力在学生时代所学的学科上,非但不是浪费,在转职时反而能增加选择的机会。

2. 柔性思考,多角度阅读

现今职务有细分化的趋势,在高度专业化之下,大家都竭尽所能地加强专业知识,结果造成不少人除了自己的专业之外,对其他的事都不了解。所以在强化本专业知识的同时,也要多多涉猎其他专业的知识。

3. 每个星期给自己一个新的挑战

长期处于相同的环境下,年轻人也会加速僵化衰老。所以,每个星期给自己一个新的冒险吧！买本新书，或到从来没去过的地方逛逛，给自己新鲜的刺激与活力。

4. 实际接触热门商品，思考其畅销的理由

现代社会的变化速度惊人，若不跟上潮流，只能面临被淘汰的命运。对于畅销的产品，并不一定要购买，但应该要实际去感受，思考其为什么会畅销。公司并不是图书馆，成天待在办公桌前，那真的就像在养老了，所以多出去走动走动吧！

5. 放假时到热闹的地方去感受时代的脉动

据统计，上班族选择休闲娱乐的方式，排在首位的就是看电视，占五成以上，剩下三成的人则是选择睡觉。当然，在辛苦工作一周后，适当的休息是必要的，但休闲生活的品质也应该兼顾。趁休假时到商场逛逛、听听音乐会等，能够看到许多平常没有机会看到的各形各色人物，说不定还能扩大自己的社交范围，认识新的朋友。

6. 利用上班路上的时间做定点观察

一个人每天往返于工作地点和家中，一年中平均有 500 小时至 1000 小时无目的地浪费掉了。其实你完全可以利用这些零散的时间来提高自我，比如听听专业知识录音带，看看袖珍英语词典，等等。有人计算过，如果能够充分利用这段时间，效果竟相当于在大学学习两个学期。有很多伟大的成功者都是巧妙地利用这段零散的时间，让自己在不知不觉中比别人高出一筹。

7. 在星期天阅读一周的报纸

报纸中有相当多实时性的消息，是吸收情报的重要渠道，但每天一部分一部分地阅读，只是"点"的层面，而利用星期天翻

阅当周的报纸，对一个议题可以连接起"线"的层面，有助于了解整个事情的来龙去脉。

8. 看报道不要只看财经新闻

对于上班族而言，财经新闻当然是重点必读，但如果只阅读单一报纸，视野难免会过于狭隘，因此多翻阅几份，对磨炼自己对新闻的敏锐度绝对有帮助。而其他的版面，如体育版、文艺版也应该浏览一番，往往会有意想不到的收获。

9. 每周阅读一本书

要培养良好的阅读习惯，以帮助你在知识爆炸的年代提高信息取舍的能力，在滚滚情报洪流中获得最有利的信息。古典文学、世界名著、伟人传记、学生时代喜爱的读物，这些看来和工作不相干的书籍，能扩展视野，在人格培养及思考能力的提高上会有很大的帮助。

10. 多和不同领域的人接触

大体而言，我们和能谈论相同话题的朋友比较谈得来。但事实上，多接触不同领域的人，听听各行各业的工作概况和甘苦，能给予头脑新鲜的刺激，活化思考，同时也是培养情报搜集力、扩大交际圈的绝佳机会。对于刚开始工作的新人，多和不同领域的人接触，增广见闻、扩展视野是相当重要的。

11. 至少学习一种外语

有不少上班族从学校毕业之后就和语言学习绝缘，尤其是在非国际性公司工作的人，常常会疏于外文上的进修。就未来的趋势而言，有潜力的企业一定会朝向国际化发展，不趁年轻储备实力，等三四十岁成为公司的中坚分子时才开始学习，不但费力，也失去了竞争力。

12. 每周给自己一段私人时间

上班认真值得嘉奖，不过一味埋首于工作可是会出现危机的。每天反复于相同的工作中，是否有想过为这些日子的工作绩效、人际相处、家庭关系等问题做检讨与规划呢？习惯忙碌可能会让你变得盲目，每周给自己一段独处的时间，让心灵沉淀。

13. 不要吝惜自我投资

一般年轻上班族将金钱的累积作为工作的目标，对于进修或旅游增广见闻的投资就相对减少。年轻时代需要储存的更应该是智能和知识等无形的财产，这些才是创造人生的最大财富。

14. 自己购买书籍杂志

书籍是用来"查"的，并不只是用来"看"的。在有限的时间里很难将一本书仔细读完，但总有些浏览过的信息将来在工作上会有所帮助，在需要时能立即取得，才不枉费花时间阅读。

提升自我，让自己越来越优秀，由内向外地散发独特的魅力，这样的你还怕交不到朋友，积累不到更多的人脉吗？

推销自己的能力也是实力之一

巧妙地推销自己，是变消极等待为积极争取、加快目标实现的不可忽视的手段。常言道："勇猛的老鹰，通常都把他们尖利的爪牙露在外面。"精明的生意人，想把自己的商品待价而沽，总得先吸引顾客的注意，让他们知道商品的价值，人，何尝不是如此呢？《成功地推销自我》的作者 E.霍伊拉说："如果你具有优异的才能，而没有把它表现出来，这就如同把货物藏于仓库的商人，顾客不知道你的货色，如何叫他掏腰包？"

因此，只有积极的自我推销，才能吸引他人的注意，从而判断你的能力，助你成功。推销自己既是一种才华，也是一门艺术。一个人要推销自己，就要做到：

1.要确定交往的对象

根据不同的对象，推销应采取不同的方式。你的方式应该随着推销对象的不同而有所变化。

如果是在公司里，你就要考虑一下，你在公司里喜欢与哪些人交谈，他们对你抱有什么期望，你有哪些特点能够对你的"对象"产生影响？同时，注意观察卓有成效的同事的行为准则，并吸取他们的优点。

2.利用别人的批评

你应了解别人对你的意见和指责，应该坦诚地接受批评，从中吸取教训。另外，应当注意言外之意。例如，如果你的上司说你工作效率很高，那么在这背后也可能隐藏着对你的批评。

3.要善于展示自己的优点

在人际交往中，要善于展示自己的优点。如果表现不好，就容易给人一种夸夸其谈、轻浮浅薄的印象。因此，最大限度地表

快停止吧，无效社交

现你美德的最好办法，是你的行动而不是你的自夸。成功者善于积极地表现自己最高的才能、德行，以及各种各样处理问题的方式。这样不但能表现自己，也参与吸收别人的经验，同时会获得谦虚的美誉。学会表现自己吧，在适当的场合、适当的时候，以适当的方式向你的领导与同事表现你的优点，这是很有必要的。

4. 要善于包装自己

超级市场的货架上灰色和棕色的包装很少，为什么呢？这是因为没有人喜欢这些颜色的包装。你要不想成为滞销品，也应当检查自己的"包装"——服装、鞋子、发型、打扮等。要敢于经常改变自己的"包装"，那会给人耳目一新的感觉。

在推销自己的时候，外表的作用不可忽视。生活中有很多人，虽然相貌平平，但在事业上也能获得很大的成功，关键是他们懂得扬长避短。因此，对你的外表，你要加以注意，以充分挖掘、利用自己的优势。

5. 适当表现你的才智

一个人的才智是多方面的，假如你想表现你的口语表达能力，你就要在谈话中注意语言的逻辑性、流畅性和风趣性。如果你想表现你的专业能力，当上司问到你的专业学习情况时就要详细一点说明，你也可以主动介绍，或者问一些与你的专业相符的工作单位的情况；如果你想让上司知道你是一个多才多艺的人，那么当上司问到你的爱好兴趣时就要趁机发挥，主动介绍，以引出话题。总之，在表现你的才智时，要注意适时、适当的原则，避免引起上司的猜忌。

6. 推销自己应自然地流露

会推销自己的人都是自然地流露，而不是做作地表现。成功者从不夸耀自己的功绩，而是让其自然地流露出来。例如，在你向领导汇报工作时，不妨说："我做了某事……但不知做得怎么样，还望您多多指点，您的经验丰富。"这样，你好像是在听取领导的意见，而实际上你已经表现了自己，又充分体现了你谦虚的美德。如果你以请功的口气直接向您的领导说："我做了某事，这事很不简单，做起来真不容易，其具有怎么怎么高的价值。"这样，你在领导心目中就已经损害了自己的形象，降低了你在领导心目中的地位。

7. 占领"市场"

在公司里要尽量使自己引起别人的注意。例如，在夏天组织一次舞会或与同事们一起外出旅游。同时，要与以前的同事和上司们保持联系，建立一张属于自己的关系网。

8. 不要害怕错误

工作中出现错误在所难免，关键是你应为应对出现严重的情况做好准备。如果一个项目真的遭遇失败，既不要惊慌失措，也不要转而采取守势，而应勇敢地承担责任，提出解决问题的办法。在紧张状态中表现得头脑清醒、思路敏捷的人会得到同事和上司的器重。

当你在推销自己的时候，别担心做错事，人总是要不断地从错误中获得教训、得以成长的。

社交靠实力，不靠交情

关于社交，还有一个很重要的也是我们必须更新的认识，那就是：现代社会的社交，与过去的所谓的"人脉"已经有了很大的不同。

过去，一提起人脉，人们常说的一个词是"联络感情"。所谓"打理人脉"，不外乎对同学、老乡、亲戚等热情款待，或者是与这些人礼尚往来。如果对方有事，要积极地为他们效力，为的是一旦自己需要帮助，能大胆地向对方要求支援。当然，与亲友、同学、同乡经常走动，这是人类天然的感情需要，我们也都需要有几个能在一起无拘无束地游戏、能说说知心话的好朋友。

然而，作为人脉管理的方法，所谓的"感情联络法"已经过时了。特别是在工作层面上，如果指望靠这种"交情"来为自己建立人际关系，不仅合作关系难以长久，而且会有相当严重的负面作用。

在过去的千百年间，因为交通、通信技术的限制，人们的生活半径很小，认识的人也很少，所以对陌生人会有种本能的恐惧，人们在人际关系上多依赖于熟人、亲戚。所谓"打虎亲兄弟，上阵父子兵"。而在现代社会，人们得益于便捷的沟通工具，甚至处在两个半球的人也可以借助网络技术毫无障碍地交谈。

这样一个时代，人们的工作交往更加规范化，在与工作有关的合作中，熟人的感情往往是靠不住的，稳定的关系必须靠工作来建立。

实际上，在现代的商务型社会中，人情并不起作用。真正稳固的人际关系，要通过工作来建立信赖。这的确有些冷酷，可对于想打造自己的职场人脉、商务人脉的人来说，首先必须认清这个事实。

可以假设一下，第一种情况是：某个员工在工作上经常出错，使公司受到损失，可是他擅长"联络感情"，和上司的人际关系很融洽。

第二种情况则是：假设有一位上司，工作上一点也不出色，但因为他是个好人，所以下属们都拥护他。

这两种情况在公司中不可能有，就算有，那也不是正常的人际关系，这个团队很难创造价值，迟早面临解散的境地。总之，在工作岗位上良好的人际关系，是指"要是他的话，我可以放心交代工作"这样透过工作能力而建立起来的相互信赖的关系。

李丽是一个保险业务员，不论谁，每次见到她，她都会表现得像对方这辈子最要好的朋友一样，极尽所能关心对方。可有一次，一位客户因盲肠炎开刀，请她帮着申请理赔金，她却一拖拖了两个月都没下文，最后甚至索性不接客户的电话了。那位客户把自己的遭遇讲给了很多买李丽所在公司的保险的人听，很快李丽的业绩就下滑了，她的客户有需要保险的时候也是找她们公司其他保险业务员，无奈之下，李丽只好离职了。

现实中，真的有不少推销员像李丽一样，这种"过河拆桥"

不负责任的做法，使他们的职业形象一落千丈。所以，不论你再怎么笑容可掬、舌灿莲花，如果你分内的工作做不好，甚至影响到别人的实质权益，再好的交情都没用。

做好工作，首先意味着你拥有被别人认识的价值，你对别人有用，可以用自己的专长来为别人服务。职场间的人际关系，必然以互惠、互助、互利为基础。如果一个人工作认真负责，即使他现在人微言轻，人们也会欣赏他的工作态度和他的潜质。这样，人们才愿意和他长久保持密切的工作关系。

吴鑫大学毕业之后，开始做高端产品销售时，因为没有很好的人际关系基础，又缺乏拓展人际脉络的经验，销售业绩很不好。吴鑫唯一的人脉就是过去的大学同学了，他只能求助于他们。于是，他经常打电话给自己过去的同学，向他们倾诉自己的烦恼，请他们帮助自己。然而很快他就发现：这些老同学虽然交情是没说的，也都真心实意地帮忙，但因为他们都和自己一样，是初出茅庐的小青年，除了给自己一些安慰和鼓励之外，并起不到什么实际的作用。

于是，吴鑫作出一个大胆的决定：学打高尔夫球。他不惜花费自己微薄的工资，去参加汇聚大量高层人士的高尔夫俱乐部。因为吴鑫发现，自己的客户应当是处在中高档生活阶层的人士，而自己平时接触的人都是一些普通的工薪阶层，所以，必须改变自己的人脉圈子。

实施"高尔夫策略"之后，吴鑫的办公室转移到高尔夫球场。很快，他通过打球结识了不少成功人士，他的业绩也日渐好转。这时，他发现一个有趣的现象：别人开始主动来找他了！

因为别人发现，吴鑫和高尔夫球场上那些大老板来往甚密，很多人通过第三者介绍来主动结识他。由此，吴鑫进一步通过自己的工作关系建立了更优质的人脉网络，很快，他便提升为公司的销售经理了。

强大的人脉与强大的工作能力，这二者是相辅相成、缺一不可的。千万不要以为经营人脉的目的，就是有了"好交情""硬关系"之后，不学无术也能成功。指望拥有这样的人脉，显然是不现实的。

说到底我们在工作中需要的是自己与对方互惠互利的"win-win"（双赢）关系。如果不能建立这样的关系，那么就无法建立商务上的信任关系。

所以，在商务社会中，人脉的构成要素有以下几点：

（1）双方愿意进行利益交换；

（2）双方的"期待值"在某种程度上是一致的；

（3）双方愿意长期来往，但不会把关系固定化。

如果打破了这个前提，商务人脉的关系是不能成立的。

的确，所谓私人关系的人脉，有时也是很珍贵的。但是，这种"私人关系"的作用也是短时间内的、很有限的。如果某人一旦因为借助"私人关系"往上爬，就会被别人贴上"不劳而获"的标签。在职场人际圈子里，他很有可能遭到团体的排挤。

只有那些只顾眼前利益的"新手"，才会幻想通过交情或者私人关系达到不劳而获的目的。那些高手们，从来不把宝押在这

快停止吧，无效社交

个上面。因为他们明白，所谓工作人脉，就是在自己所处的工作环境中，与对方共同成长，踏踏实实互相为对方提供利益。而私人的交情与商业活动中有效的人脉，在本质上是不同的东西。

找到失败的真正原因

追求成功是人的天性，每一个人在自己的道路上坚持着奔跑，希望最终能达到幸福的彼岸——物质上获得足够的财富，精神上也有足够的食粮。这条成功之路的长度是一样的，只不过有的人因为体力不支倒在了半路上，有的人却被半路的荆棘绊伤了身体，有的人因为缺少继续上路的盘缠而选择了放弃，而另外一些人却有可能因为"山中有虎"的传说而惧怕继续前行……总之，每一个成功者都是相似的，而失败者却各有各的不同。

但他们是真的不具备成功的实力吗？还是因为缺乏魅力没人帮助而导致的失败？如果有足够的魅力，朋友会将体力不支的人安排到家中休息，待体力恢复后继续前行；因为荆棘受伤的人也会受到朋友的细心照料，待身体康复后也可继续前行；缺少盘缠的人大可以向朋友借助，待筹到资金依然也能继续前行；而害怕老虎的人则要带上自己武艺高强的朋友，几十个人晚上点着火棍上路，还怕那老虎不成？由此而见，这些问题都是"人"的问题。

一个人的魅力决定着他是否拥有好的人际交往，一个好的人际交往就是一张广大而伸缩自如的关系网，利用这张网你可以在达到成功的道路上少一点困难，多一点轻松自在。有了好的人际交往，成功有时甚至会自动敲响你的门。

莫洛是美国摩根银行股东兼总经理，当时他的年薪高达100万美元，忽然有一天，他放弃了这个人人钦羡的职务，而改任驻墨西哥大使，此举震惊了全美。但就是这位莫洛先生，最初不过是一个法院的书记，为什么后来他能取得如此惊人的成就呢？纵观莫洛的一生，最重要的转折点就是他被摩根银行的董事们相中，一跃而成为商业巨子，登上摩根银行总经理的宝座。据说，摩根银行的董事们选择莫洛担此重任，不仅因为他在企业界享有盛名，更是因为他善于与各种人打交道，并具有极佳的人缘。

有的人生来就具有过人的人际交往能力，他们与人交往表现都非常自然，轻易就能获得他人的注意。而我们大部分人，就要为建立一个好的人际关系而付出努力。美国电话电报公司的总经理吉福特常常对人说："善于与人打交道是成大事者的主要特点，和谐的人际关系在一切事业里极其重要。"那么，这句话反过来说也是成立的：没有一个和谐的人际关系，即使你能力再强，发展起来也是举步维艰。

如果有一天，你面临着失败，不妨问自己一句：究竟是没有实力，还是没有好的人际交往？如果是前者，今后则要在技能方面更加努力，提高自己的专业水平；如果是后者，则需要在构筑自己的人脉网时注意保持好的人际交往，这样才能在最大程度上得到他人的支持和帮助。

快停止吧，无效社交

第四章

余生很贵，
一定要和优秀的人在一起

跟比自己优秀的人交往，你也会变得优秀

一个人如果有本事和很多比自己优秀的人交朋友，也能一步步变得优秀。就像是一些演艺圈里的女演员，刚出道就与当红演员合作，很快名气就打响了。所以，做事成功的一条有效捷径就是站在"巨人"的肩上。

我们想要更快地成就一番事业，人脉圈中就肯定不能缺少能给予自己帮助的优秀人才。只有把这些优秀人才拉进自己的"圈子"，才能在关键时刻得到他们的提携和帮助，有助于最终取得成功。

胡如林是国内某名牌大学的高才生，今年刚刚毕业。当他的同学为工作、为前途忙得焦头烂额的时候，他却非常冷静，因为他对自己的交际能力很有信心。

首先，他给一所大型企业的老总写了几封信，用自己独到的观点剖析了该企业现有的一些弊端，说明自己有能力帮助企业改变状。结果老总看到后，非常满意地说了一句话："这个人我要了！"

于是胡如林不但找到了一份工作，还成功地利用了自荐的方式谋得了职位。

聪明的年轻人一定不会错过优秀的人物，他们会努力把优秀人物变成自己的"圈里人"，并在优秀人物的影响和帮助下，自

发产生一种向上的动力，并且努力奋斗，拼命拔高。这样就可以无限接近成功，说不定哪天就成功了。

当然，与比自己优秀很多的大人物相交绝非易事。可能你会遭遇到很多冷眼、冷语、冷面孔，其实这也在情理之中。作为一个"小人物"，别人为什么上来就对你俯首帖耳？正因为优秀人物不易结交，所以一旦结交到一个优秀人物，那将是你一生之福，你可以在以后的人生中充分利用这项资源。

那么，我们该如何去结交那些比我们优秀的人呢？如何与他们相处呢？

第一步：第一次见面要给他留下美好的印象。初次与"优秀人物"见面，你的表现将是决定你能不能引起"优秀人物"兴趣的关键。正确的表现就是：一定让对方觉得跟你交流很舒服。另外可以问一些比较有深度的问题，这样才能勾起优秀人物的兴趣。

第二步：调查他们的背景。与人交往，"了解"对方十分重要。知己知彼，才能百战不殆。如果你连他是哪家公司的员工都不知道，他还会觉得你值得一交吗？

事实上，优秀人物也是普通人，他们不仅有显赫的地位，有繁杂的社会关系，有各式各样的业务，也会有不一样的性格特征和喜好。我们可以通过他们的下属了解这些，当然，如果这个人物足够优秀，从网上也可以查到的。

第三步：该表现的时候要表现一下。优秀人物一般都是爱才、惜才的人，如果我们自己没有两把刷子，关键时刻不能露一手，那么优秀人物会觉得我们是在刻意讨好，只是嘴上功夫，没有什么真能耐。

因此，在适当的时候，瞅准机会表现一把非常重要。要让他们看到我们的独特之处，明白我们也不会永远做"小人物"。当然，这个过程中要把握好度，不能太过锋芒毕露。

写信，发邮件，参加各类社交活动，或通过直接、间接的介绍，都是认识优秀人物很好的方法。只要你态度真诚，并且让那个优秀人物意识到你可以在很多方面帮助他，他迟早有一天会进入你的圈子的！

美国有一位名叫麦克·维尔的农家少年，从小就听爸爸讲了某些优秀实业家的故事。后来他想知道得更详细些，并希望从他们那里得到些忠告。

于是他带上了行李，跑到了纽约。他不管对方几点开始办公，早上七点就到了阿根斯的事务所。

在第三间办公室里，维尔立刻认出了面前那长着一对浓眉、体格结实的人就是他要找的人。高个子的阿根斯开始觉得这少年有点讨厌，然而一听少年问他："我很想知道，怎样才能赚到百万美元？"他就"嘿嘿"地笑了起来。两人竟谈了一个钟头。随后阿根斯还告诉了他该去访问的其他"大人物"。

维尔照着阿根斯的指示，遍访了一流的银行家、总编辑及发了财的商人。他开始仿效他们成功的做法。

20岁的时候，维尔有了自己的工厂。25岁时，他又建了一家农机机械厂，就这样，他很快挣够了百万美元。最后，他终于成为一家大银行董事会的一员。

想要在社会上有所突破，就要多与比自己优秀的人交往。与先于自己成功立业的人交往，能让自己少走很多的弯路。很多人之所以做不到这一点，不是因为优秀的人冷漠，而是自己的内心顾虑太多。

萨加烈说："我认为对于青年人来说，最有利于他们快速成熟的方法就是让他们与比自己优秀的人一起行动。无论是做学问，还是忙事业，都是一样的。"

有些人更愿意跟不如自己的人在一起，因为那样很容易满足自己的虚荣心。可是，你能从不如自己的人身上学到什么呢？很显然，基本上什么都不能。而结交比我们优秀的朋友，能让我们快速成长起来。

比我们优秀的人都具备成为我们的贵人的潜质，如果能争取到很多这样的人，那么厄运也会变成好运，我们在成功的路上可以少付出许多倍努力。

多交含金量高的朋友

很多人结交的朋友不少，但是含金量高的没有几个，关键时刻没有人能帮到自己。一个人如果想要真正做出一番成绩，应该注意一下自己周围的人。主动和含金量高的人交往，步入含金量高的圈子，经过一番耳濡目染，你也会受到激励，学到许多成功的理念和方法。何况和含金量高的人打交道，他还会扶你一把。

新东方创始人俞敏洪曾经说过："想知道自己几斤几两，看看你身边的朋友就知道了！从其中选出5个人，他们价值的平均值就是你的价值！"有的人一直想拥有一个成功的人生，可是到了暮年，转过头却发现自己的人生一塌糊涂，而身边的人，大多也是如此。这就是近朱者赤，近墨者黑的表现。

谢丽丽是一名普通的办公室文员，父母都是普通工人，平时不怎么喜欢结交朋友。而她身边仅有的几个朋友，也同她一样，都是一些到处为了生活而奔波的打工者。为此，谢丽丽时常郁闷，难道自己一辈子就只能打工了吗？

在谢丽丽的公司里，有位叫董文霞的经理助理，拥有许多非常赚钱的商业渠道。董文霞的家庭比较富裕，而且她的同学和朋友都是学有专长的社会精英。人比人气死人，谢丽丽感觉自己和董文霞简直来自两个世界，在工作岗位成绩上也无法相比。

因为刚来公司不久，谢丽丽骨子里就不敢和别人轻易打交道，所以几乎没有朋友。一个偶然的机会，谢丽丽参加了公司组织的职业能力提升培训，她才明白原来自己之所以一直这样"默默无名"，是和自己的交际圈子有很大关系的。

她回家后仔细地分析了一下，发现自己身边的姐妹都和自己一样，喜欢抱怨命运有多么的坎坷。而且，那些朋友也和她一样，常常为了一点事情就怨恨社会。真正出了什么事情，彼此之间也不会给对方什么大的帮助。

从那以后，她开始有意识在公司向董文霞学习，并且和董文

快停止吧，无效社交

霞建立了良好的私人关系。私下里，她也通过董文霞认识了许多优秀人物，从此翻开了自己的职业新篇章。

要看一个人什么样，必须要看看他的朋友如何。因为朋友之间会相互影响，并且同一类人更易成为朋友。也许你今天胸怀壮志，想要迅速成为成功人士，但是你的朋友却渴望安逸、平静的生活，你可能由于他的影响，自己也开始偏向安逸。慢慢的，你的雄心壮志就如同过往尘烟，消失不见了。

也许，很多人会说，这不是用"有色眼镜"去看人吗？其实不尽然，结交含金量高的朋友，就有可能像鱼儿遇到了水一样。有了他们的帮助，你的成功就变得更加容易。如果你平常只知结交一些一无是处的朋友，那么估计只有你替他们帮忙的份，而对方却在你处于困境后，爱莫能助，这个时候，你内心可能理解他，但你却无法找人帮你摆脱困境。

放眼天下成功人士，他们身边的朋友"含金量"都比较高，正因如此，他们在朋友们的帮助下，才度过了人生中最艰难的时期，走向了辉煌。对于一个渴望成功的人来说，一定要注意多结交一些"高含金量"的朋友，凭着他们的帮助，可以拯救危局，让自己前进的道路上少一些荆棘。

陈国富出生在一个贫困的小山村，20岁时，他来到北京打工。由于学历低，没技术，第一个月竟然没有一家企业让他过去面试。最后，通过一家中介公司，他才在一家小公司里找到一份装卸工的工作，而且工资比国家最低保障工资还要低。

一个偶然机会，陈国富参加了公司的职业技能讲座，深受鼓舞。

在以后的工作生活中，他主动向公司的球磨工、热风炉工学习，学到了操作球磨机和热风炉的技术。不久之后，公司扩大规模，引进了两台高效量式球磨机，需要招聘一个技工，朋友们向公司推荐了他。就这样，他成了一名技术工人，工资也大幅提高。

初次成功让陈国富高兴不已，他又开始和公司里的电工、工艺设计和窑炉等工种的员工交朋友，又学到了很多知识，成为公司少有的全能技术人才。不久他就升职为技术部指导技术员。

一次，行业内最大型的国际交易大会在北京举行，总经理点名让陈国富随行参加。他在大会上表现很活跃，并正确预测了未来几年的发展趋势，建议公司上马此项目。一年后，他的项目成为公司最赚钱的项目，给公司带来了巨大的经济利益。

鉴于陈国富的成绩和工作能力，公司高层觉得只让他做一个指导技术员太屈才了，公司决定任命他为集团副总经理，主要抓技术这一块，年薪百万，并给他 1% 的公司股份。这一年他才 28 岁，从装卸工到副总经理的跃升他只用了 8 年时间。

在谈到成功经历时，陈国富总是说："是那一次公司的技术讲座让我明白了交朋友的重要性，你选择什么样的朋友你就会成为什么样的人。而如何交到能够帮到你的朋友，就要看你的态度和信心了。不要妄自菲薄，要相信自己，这样别人才会相信你。"

这就是所谓的"耳濡目染，不学以能"，如果你身边的人还不如你，那么你可能很难有出头之日。

我们结交含金量高的朋友并非是鬼鬼祟祟、见不得人的勾当，而是通往成功的阶梯。因为在交往当中，我们能够提升生命的档次，并且准确地知道通往成功的利弊在哪里。我们对朋友是忠诚的，我们只是在忠诚的基础上有所选择罢了。

朋友有时候就像一匹马，一个含金量高的朋友可以带你驰骋在成功的道路上。放眼社会上那些成功人士，他们的身边拢聚的绝不是一群酒囊饭袋。他们在人际交往中，往往能够审时度势，选择良师益友，因为他们明白要想自己更加高大，那么就要站在巨人的肩膀，让他们的肩膀撑起自己，这样我们才能看得更远。

如果我们想要让自己的价值更好地提升，那么就应该去结交一些含金量高的朋友，那样才能加快我们成功的脚步。

如果你想成为一流的人，就要与一流的人在一起

好莱坞一直流行着一句话：一个人能否功成名就，不在于他知道什么，而在于他认识谁。在好莱坞说"认识谁"，指的就是认识哪位名人，就是你在哪个圈子混。名人一般都是大众偶像，有一定的影响力，而这些影响力正是我们普通人所欠缺的。如果能合理地借助自己的名人朋友的影响力，常常能轻而易举地办成以前办不成的事儿。

电影《辛德勒的名单》一开始，我们的主角辛德勒就利用宴会上的机会，频频与军政要员合影留念。众人都不认识他，但是看到那些高官都与他合影了，自然就会觉得他非常有地位，是上

层圈子中有头有脸的人物，都不敢怠慢他。这些"曝光"都为他之后开办工厂做了铺垫。

如果你想成为一流的人，你首先要结交一流的人。如果你的企业想要闯出名堂，首先也要找有实力的人代言。在职场中的人结交有实力的人的好处更是显而易见，试想一下，如果你有一位实力强大的朋友，在你遇到困难的时候他帮你一下可能比你自己努力好长时间效果还好。

还有些人并不是不愿意借助实力强者的力量，而是在实力强者面前感觉自己太过渺小，其实是妄自菲薄，完全没有必要这样想。越优秀的人其实越孤单，他们也需要各行各业的朋友，特别是不在一个圈子里的朋友。

乘坐一次头等舱，很可能改变自己的一生

头等舱真的有必要搭乘吗？是为了更安逸，享受更好的服务？一架飞机的头等舱与经济舱难道还能分别起飞和着陆吗？或是为了生命安全？统统不是，我们不是享乐主义者，只是为了拓展自己更高层次、更高品质、更高价值的人脉网。因为搭乘头等舱的乘客大都是政界领袖、企业总裁、社会名流。在他们身上可能会存在许多潜在商机。也许乘坐一次头等舱，就可改变自己的一生。

在飞行中谈成几笔生意，这样的例子举不胜举。有机会结下

快停止吧，无效社交

难得的友谊，是在经济舱内的旅行团体中很难巧遇的。坐头等舱的人都希望了解同舱里的其他乘客为什么愿意多付 20% ~ 30% 的费用来换取喝香槟，比其余乘客早登机的权利。特别是在长途的旅行中，你真的可以结识到成功人士，从而建立珍贵的友谊。

在现代社会，越来越多的人懂得了这个道理。所以，读 MBA 的人可能不是为了充电，考托福的人也未必想出国，考司法的人不一定要当律师，正所谓是醉翁之意不在酒。这些人中，许多原本是为了一张证书，进入了某个圈子，后来却变成了融入某个圈子，顺便拿张证书。证书对于他们来说，仿佛已经不是一张许可证，而更像是一张融入某个社交群体的准入证。

美国保险明星诺曼·拉文参加过许多培训班，同时他也参加过一些研习会。他参加的研习会多半是一年聚会一次，然后由每个会员平均分摊所有交通和住宿费用。他们每次的出席率，除了天灾人祸不可抗因素外，都高达 100%。他们有一个共同的默契，就是会中所讨论的每一件事都要保密，所有的资讯都只跟会员分享。他们彼此都变成非常亲密的好朋友，同时经常保持联络，有事互相帮忙。

当然"搭乘头等舱"的意思并不狭义地指出入高级场所，而是指找到成功人士出现频率最高的地方和最易接近成功人士的方法，这也算是拓展人脉的一个小窍门。

"搭乘头等舱"的做法看起来很容易，但懂得这个道理的人未必都能做到，这就需要掌握一些相应的要领了。

不要表现得过于急功近利，无论你抱有什么样的目的，付出了多么大的代价，与那些成功人士的结交都不是一天两天就可以大功告成的事。如果过于急切地表明自己的意图，甚至不惜作出谄媚的样子，那么你将失去他们对你的好感和尊重，也就难以融入他们的圈子，那就太得不偿失了。

看过《泰坦尼克号》的观众都为平民杰克和贵族小姐露丝的爱情所感伤。杰克赢得了船票，才得以登上泰坦尼克号与贵族小姐露丝相遇。生活中，你也必须想办法得到属于自己的那一张船票，否则，又有什么机会与坐头等舱的人相识呢？所以，不妨下次出行，去感受一下头等舱的魅力吧！

同国王一起散步，让你离成功更近

"同国王一起散步"是德国罗斯柴尔德家族的家训之一。因为老罗斯柴尔德从自身的经历中，悟出了一个道理：与强者结交是在激烈竞争中克敌制胜的重要因素。

老罗斯柴尔德最初只是个名不见经传的古董商，但他却怀有鸿鹄之志。为了实现自己的更大理想，他开始周游当时德国的各个公国，结识了拥有德国王位继承权的威廉王子。威廉王子酷爱古玩，罗斯柴尔德便将自己多年来收藏的珍贵文物倾囊相赠。作为回报，威廉王子允许他在自家领地里出售商品，并在其店铺的匾额上写上"王室指定供应商"。他的财富日渐增长，不久便成了威廉王子的宫廷银行家，并结识了众多德国政要。

老罗斯柴尔德的接班人们则秉承了这一家族传统，甚至比他做得更为出色。他们个个都是欧洲王室政要的座上宾，与上流社会有着极其密切的关系。尼桑在英国官场中人缘极好，他用极低的价钱从英国购买工业品，再贩运到美洲大陆，以数倍于原价的高价出售；詹姆士与法国王室有着种种联系，对重大决策的出台了如指掌；萨洛蒙几乎囊括了奥匈帝国所有王室贵胄的私人金融业务；卡尔在意大利金融界翻云覆雨；阿姆谢尔更是拥有无数的显赫头衔。

"同国王一起散步"的家族传统，使罗斯柴尔德家族在经营方面受益匪浅。在19世纪的一百年间，单是国债一项，罗斯柴尔德家族就赚了1.3亿多英镑。

其实，要和"国王"交朋友，最直接最有效的结交者就是你的老板。你要想自主创业，必须尽量与老板们接触，看看他们怎么想、怎么说、怎么做，倾听他们对做人做事和行业的看法。这比你埋头苦干学习经验来得又快，既全面又细致，既丰富又新潮。老板们肯定比员工站的位置要高，他的资讯收集能力也肯定强于员工，快于员工。

你若是一个有心人，能经常与老板相处，收获会更多。你会对行业本身，特殊问题的处理等有一个全面的认识。

从这里，你会学到如何做人，也会学到如何对待客户和员工。

从一般程度讲，与老板融洽相处，是检验你待人接物是否合格的一个标准。这个标准有两层含义：第一，在你力量尚弱小、不足以另立门户、尚在向老板虚心学习经验和知识的阶段时，你以什么样的方式与老板相处；第二，力量积累到你能够另立门户、自主创业的阶段时，你又以什么样的方式与老板相处。

成功的老板，在为人处世上都有他独特的地方，细心观察，你会发现其中的奥妙。他们能够成功，一定在这方面有所擅长。

有的老板，也许其产品未必是最好的，却能得到行业的一致好评；有的老板，产品很好，业者却不大买他的账。你可以观察，为什么如此。

如果老板肯帮你，那是再好不过的了。因为相比较而言，其他人的帮助，远不如老板的帮助作用大。

所以，我们要尽量结识一些老板。同老板交往，学习老板的思维模式和赚钱的方法，从而让我们走向成功。

结识教练式人物，成就事业易如反掌

每个人都需要一位教练，任何人都不例外。这位教练是可以向你传道授业的元老，他们的经验就像黑夜里的明灯，可以指引你的方向。在你的生命中，是否曾出现过这样一个人，他可能没有直接对你传道授业，然而，他却能够一眼洞察你的潜力。在你失落时，让你看到希望；在你得意时，为你敲响警钟，使你不会偏离轨道。他让你深信你一定会成功。在平时，他是你学习的典范，在特别的时刻，他会助你一臂之力。他就是你生命中永不可

快停止吧，无效社交

忘怀的朋友。

只要研究一下任何一个成功人士，就会发现在他们的生命中都出现过一个或多个教练式的人物，他们都曾经跟一个或者多个"教练"当过"学徒"。因此，如果你想功成名就，你就必须有一个人做你的"教练"，你必须学习掌握他们所有的资源和经验，见见他们所有的关系，学习他们所有学过的、正在学的和将要学的东西。要学习他们认识事物的方式，学会像他们那样去思考，以便取得像他们类似的成果。

刘莹莹有个同学，念大学时就显得比别的同学懂得多，毕业十几年后见到他，他还是懂得比刘莹莹他们都多。

有一次聊天，这位同学无意中说出他喜欢向不同行业的人吸取经验。一语惊醒梦中人，刘莹莹才明白难怪他一碰到自己就一直和自己谈他的工作，而自己对他那一行却如雾里看花，一知半解。

他告诉刘莹莹，他在念书时就有这个习惯，除了看报、看杂志，充实本专业的知识外，他还会主动和别的科系的同学聊天，所以有些科系他虽然没有进修，但多少都懂一些。此外，他也经常和来自不同地方、不同背景的同学聊天，所以才读大三，就已像一个工作好几年的人知道的一样了。开始上班后，他更把这个习惯有计划地变成工作的一部分，经常和同一单位、不同专长、不同背景的人聊天，也和不同单位的人聊天，更和非本行的外界人士聊天。

通过与人广泛接触，刘莹莹的这位同学所掌握的知识越来越多。他现在是一家外资公司的经理。他的升迁和他的习惯是不是有直接关系，我们不得而知，但就算没有直接关系，至少也有间接关系。因为对不同行业了解得多，有助于对本行业的判断和思考，有助于做事。而最可贵的是，他所得到的都是第一手的经验，都是各行业元老的切身体会，其中价值远非报纸杂志和书本所能比！

不要认为和你不相干的行业的人就和你的工作不相干，这些人就不值得你尊敬，因为各种行业都是有依存关系的。所以，打开你的心灵大门去接纳各种不同背景、不同行业的元老，并抓住一切机会向他们求教。

一个人要成大业比登天还难，但是一个人如果能得到元老级别的良师益友的鼎力相助而形成一个团结的集体，那么要成大业就会容易很多。

"教练"有自己独特而又丰富的经历，有自己独特的人格魅力。他们会为自己的一生作总结，会觉得自己一生有很多经验教训值得传授，那是他们经受人生挫折和享受人生快乐之后的黄昏哲学。我们要学习他们，请教他们，用诚恳谦虚的态度，发掘"教练"们身上的智慧之光。正如吉卜赛人从沉入杯底的咖啡渣里读出幻想一样，我们也能读出夕阳西下的璀璨与壮美！

成功也可以传染和叠加，周围的朋友决定你的年薪

你相信吗？成功，也是可以传染和叠加的，如果你想取得成功，勤奋和能力当然是先决条件，但是结识成功人士，也是一个

快停止吧，无效社交

必不可少的因素。

有这样一个规律：你的年收入是交往最密切的 5 位朋友年收入的平均值。打个比方说：你的最密切的 5 位朋友年收入分别是：6 万、7 万、10 万、13 万、14 万，总和是 50 万，那你的年收入就应该在 10 万左右。

真正有远见的人必定会在为成功努力奋斗的同时，想方设法结识一些成功人士，让他们为自己的发展发挥积极作用。

你所遇到的人，一定程度上会影响你的命运。良好的环境可以促使人获得成功，恶劣的环境会阻碍人的成功。所以，假如你想要成为一名成功人士，取得事业上的成功，就应该先看看周围的环境是不是协调，假如不协调，就要考虑换环境！

古时孟母三择其邻，为的是避免年幼的孟子在不知不觉中沾染恶邻的恶习。俗话说"居必择乡，游必就士"，同类事物彼此吸引，相通相容，同时又互相影响，你和某一种人相处久了，慢慢就会变得和他有些相像。和成功的人在一起，慢慢会受到影响，言谈举止、行为处事会学到他的一些方法；和开心的人在一起，就会逐渐变得开心；和有魅力的人在一起，会在不知不觉中增加魅力；和运气好的人在一起会沾光。假如和一群消极的人在一起，每天听到的都是消极的话，潜意识也会提醒自己，就会变得一样消极。

为什么会有上面的结果呢？原因是，人与人之间通过意识、潜意识、生物场等途径不断地在交换物质、信息。你所接触的环境决定了你的思想格局，你的思想言行都是你所在环境的各种反映。思想决定行为。接触正面思想，就会做出正面的行为；接触负面思想，就会做出负面的行为。巧妙利用环境因素，是成功的速成方法。因为你时刻在与环境相互作用，换言之就是时刻在环境中学习，所以，想要得到一个什么样的结果，就尽量处在一个什么样的环境中，通过与环境的接触，学习其中的东西。我们要在自己的周围建立一种成功的氛围，积极接触那些能够为我们带来正能量的人，即发现对自己有益的同伴，这样我们工作起来才会越来越顺利。

那么，哪些是有益的同伴呢？就是那些能够帮助你的人，更重要的是，那些能够给你勇气的人。但千万不要尝试巴结某些人，那样你是不会从他们身上得到任何帮助的，因为他们会察觉出你的意图。当然你也不会愿意你的周围尽是些阿谀奉承的人。在这里关键是交往，而不是攀附。那么，你该跟谁交往呢？跟那些成功人士，那些已经功成名就或者正朝这个方向前进的人。你需要那些自动自发的同伴，那些具有追求理想、渴望成功的人、充满自信的人，那些愿意将所知传授给别人的人，包括教师、教练、主管、同事、家庭成员中的长者和智者、老板或带头人。所有这些人通常能够也都乐意使你攀登顶峰的路途更为平坦，因为他们本身就是成功的人。

第五章

与朋友互利共赢，
让你的社交创出效益

从零和游戏走向双赢，实现朋友与利益的平衡

解决问题的办法并非只有一种，如果你总是希望通过强制的方式达成目标或者按照你的意愿执行，那么，这对于缓解冲突不会有太大的帮助。相反，如果你可以充分考虑对方的需求，找出一种双方都满意的双赢模式，那么，问题可能就迎刃而解了。

我们应该认识到，生活和工作并不是一场残酷的竞赛，除了赢就是输（不可否认的是，许多冲突都是以一方输另一方赢收场的，这就是我们在日常生活中总能看到或听到战争、离婚、破产和官司等新闻的原因）。当遇到问题的时候，我们都应该把它看作是一个机会，一个可以寻求合作的机会；我们的思考方式也应该转变为"应该如何实现双赢"，而不是"我如何才能赢他"或者"我如何才能证明他的错误"。在任何"你输我赢"的游戏中，你不可能每次都赢，而且即使你赢了，你可能也会付出很大的代价。但是，双赢则不同。你和对方都可以学会如何交流合作，可以与对方建立长期、稳定、合作的关系。

双赢模式是一个有效解决冲突、化解不同观点的复杂过程。它的起点基于我们应该如何做才能找到适合双方的最佳解决方

快停止吧，无效社交

案，而不仅仅是适合单方面的最佳解决方案。冲突可能在恋人、朋友、同事、家人、师生、老板以及任何人之间发生，它需要冲突双方站在平等的立场上探讨问题，以便了解彼此的观点和需求。我们必须暂时搁置分歧，我们必须保持足够的冷静，我们必须耐心聆听对方的想法，我们必须审视对方的观点和立场，这是一种双向的、互动的解决过程，需要仔细地识别出双方的不同点和共同点（相似点）。这样一来，我们才有可能在共同点之上建立一种解决方案。

这些共同点可能包括相似的做事方式、相似的需求、相似的价值观、相似的预期结果等。冲突双方都必须把冲突看作是需要双方以最佳方式共同解决的一个问题，尽管这种解决方式可能不是最公平的，却一定是最优的。这就要求我们必须保持足够的坦诚，既不能藏头露尾，也不能把别人踩在脚下。此时，充分的信任是非常必要的。冲突双方要共同合作，以提出一种明智的、可行的双赢解决方案。

为了有效地与对方合作，我们首先应该审视自己。在应对冲突的过程中，我们常犯的一个错误就是让自己获得安慰，而不是寻求最佳的解决方案。参考以下步骤，我们可以有效地跳过"自我安慰"陷阱：

1. 确定当前的冲突

首先，你需要确定，当前的问题是什么。你可以把问题写下来，以使你的思路更加清晰，也可以向他人描述你的想法或者让他人帮助你描述当前的问题。在确定当前问题的时候，我们应该遵循事不过三的原则，即用不超过 3 句话的方式把问题叙述出来。

2. 从不同侧面分析当前的问题

你可以向你的朋友求助，也可以在纸上把问题分解。你可以考虑以下几个问题：当前问题的重要程度如何；是否因为你的冲动、恼怒或者烦躁等导致了问题的恶化；在这个问题发生的时候，你扮演的角色是什么。

3. 寻找至少一种应对措施

首先，找出引发冲突的 3 种以上的原因；然后，针对每一种原因，找出 3 种以上的应对措施；最后，从各种应对措施中，选择对你和对方伤害最小的一种。

4. 实施你的应对措施

在实施之前，你最好把实施措施推迟一天，这可以给你充分的时间让你冷静下来。如果你的应对措施并没有生效或者效果并不明显，你应该考虑一下，在什么时间再次实施你的应对措施或者如何完善你的应对措施。

面对利益，人与人之间难免有冲突，解决冲突最好的方式就是找到双赢的方案，这样才能使朋友和利益保持平衡。

积极贡献自己的核心价值

我们在生活中，因为自己好像工具一样，被人利用了而感到沮丧。其实，这并不是最可怕的，最可怕的是有朝一日你连被人利用的价值都没有了，那时，你就真一文不名，像被束之高阁的积压商品，无人问津。

这样想想，你就会觉得，被人利用其实也不是最可怕的。当然，利用这个词确实不好听。如果人与人之间只留下这种赤裸裸的利用与被利用的关系，那么这将是全人类的悲哀。这里所说的利用实际上可以理解为一种互相需要、彼此帮助，而要想助人，自身就先要具备助人的能力。

因此，你在盘点人脉关系前，不妨先冷静地问问自己：你对别人有用吗？你能给他人提供哪些价值？不要一味地想得到回报而没有付出，你无法被人利用，就说明你不具有价值，你越有用，就越容易建立坚实的人脉关系。

记得在高阳的《胡雪岩》一书中曾经有过这样一句话："一切都是假的，靠自己是真的。人缘也是靠自己。自己是个半吊子，哪里来的朋友？"这相当贴切地描写了拓展人脉的秘诀——有效社交的最高境界就是互利，而非单方面的游说。

当你发现某个人对你来说有价值而主动与其建立关系的时

候，他照样会考虑你对于他来说是否也具有价值。如果他发现你没有任何对等价值，就算你不停地对他阿谀奉承，他也未必会瞧你一眼。所以，要想拓展自己的人脉，首先要让自己具有成为别人人脉的资本。

苏女士是一位刚出道的作家，文笔潇洒，很有天赋，为人也不错，前不久还在某刊物上发表了一篇短篇小说。但是，大家知道，在如今这个快节奏社会，并不是有才华就能成大器，作家也需要包装和推广。

可是，苏女士在出版界一无熟人、二无背景，因此不知道如何包装自己。后来，经朋友介绍，她认识了老蒋。老蒋原来是国内一家知名出版机构的首席策划人，不仅熟知业务，而且也有较好的人际资源。几个月前，他自立门户，开办了一家文化出版公司，并希望能够闯出自己的一片天地。但是让他烦恼的是，从开业到现在，一些比较出名的作家、编辑都不愿与他合作，嫌他的公司规模小。

思来想去，老蒋认为，与其找那些大人物遭拒绝，不如自己培养一些有潜力的作者。于是，他与苏女士几乎是一拍即合，立即联手，苏女士成了老蒋公司的签约作者。事实证明老蒋的选择十分正确。进公司不久后，苏女士创作的第一部小说一上市就引起了轰动，销量十分可观。

试想，如果苏女士只是个庸庸碌碌的二流写手，那么，老蒋也不会看中她，更不会将其招至麾下，重点培养。可见，很多时候，两个人之所以会交往，是想从交往对象那里满足自己的某些需求，这种满足既有精神上的，也有物质上的。可以说，人际交

快停止吧，无效社交

往中的互惠互利合乎我们社会的道德规范。

利益互补，让双方变得更亲密

在生意场上，不仅性格相似的人会相互吸引，彼此之间性格差异较大的人也能够建立较为亲密的关系。当双方的需要或满足需要的途径刚好互补时，彼此就产生了强大的吸引力，即 A 所具有的长处正是 B 所不具备的，B 所拥有的优势正是 A 所没有的，他们对对方的倾慕会使彼此相互吸引。因为他们各自都能弥补对方的不足，互通有无，所以能一拍即合。

我们在做生意的时候，如果要想迅速获得对方的好感和信任，就需要抓住对方的劣势，以你的优势弥补，从而互通有无，促成一次圆满的合作。联想集团一贯擅长强强联合，一再发挥互补的优势作用。

"瞎子背瘸子"是柳传志为联想集团确定的产业发展策略。所谓"瞎子背瘸子"，即优势互补、合作制胜之意。在联想集团，这样的案例不胜枚举，但最具有典型意义的要数柳倪联手卖汉卡的成功了。

20 世纪 80 年代初期，中国的电脑市场存在着一个很大的技术难题——西文汉化。在这个技术难题没有被攻克之前，由于绝大部分中国人不精通英语而导致计算机的使用无法熟练化，大大抑制了计算机在中国市场的销量。这是计算机销售在中国内地打不开市场的一个根源性问题，不是促销、广告、降价所能解决的。因此，西文汉化问题成为当时在中国推广销售计算机的一个障碍，即使有再多的公司从事销售工作也无法绕开这个制约电脑普及的瓶颈。解决不了这个问题，推广和销售将无从谈起。对此，柳传志等人显然率先认识到这个问题了，同时他们也看准了这一历史机遇，准备抓住机遇求发展。与此同时，中科院计算机所的研究员倪光南正忙着LX—80汉字系统向PC的最后移植工作，于是，柳传志等人很快就向倪光南伸出了合作之手。

柳传志投入了70万，扑在了汉卡的研究上。在有资金、有技术、有人才的基础上，倪光南团队研制出来的"联想汉卡"很快上市了。为了推销联想汉卡，全公司人员都花费了巨大的精力。柳传志重点做了3件事：第一件是证明联想汉卡是个好东西；第二件是宣传联想汉卡是个好产品；第三件是让更多的人都来买联想汉卡。另外，柳传志还树立了"联想"这面旗帜，在卖联想汉卡的同时，着力打造联想这一高科技企业的形象。

通过柳传志等人的不懈努力，联想汉卡的销售最终取得了突破性的进展：1985—1994年累计销售达15万套；1985年联想集团实现销售收入300万元；1986年收入1800万元。

"柳倪合作"的联想汉卡使联想集团在短短的两年时间内快速积累了上千万元的资本，为联想集团的发展壮大奠定了坚实的基础。正是懂得优势互补的重要性，联想才能创造一路的辉煌。

"双赢"带有一定的"中和"思想，在利益的争夺上有时会表现出一定的妥协性：一方面是失去了一些本不想失去的东西，但反过来从另一方面考虑，这种妥协也不失为一种求利的方式。双方优势互补以求另有所得：一是可以避免双方正在进行或者有可能进行的竞争，避免在愈演愈烈中遭受损失；二是可以利用这次机会争取到一些合作伙伴，减少生存危机。当然，这种互补是相对的、有条件的。需求的互补性是以商务合作中的双方都得到满足为前提的，如果不能满足这一要求，那么那些相反的特性就不能够产生互补，如高雅和庸俗、庄重和轻浮、真诚和虚伪等。

选择互补的搭档，获取最大利益

人无完人，找到能与自己并肩作战的搭档，用他们的长处补足你的短处，会令你的成功之路更加顺畅。选择好合适的搭档，大家彼此互补，能够促进团队合作的顺利进行，提高双方的成绩。这一点，通过团队的高层合作就可以得知。一般来说，每个单位的领导周围都有几员得力干将占据重要部门的重要位置。而你会发现，凡是得力干将和老总性格相似、趣味相投的，团队中问题都比较多；凡是两个人性格是互相补充的，团队运转都比较顺畅。

看看几个大企业都是如此：海尔有了张瑞敏和杨绵绵，才能平衡，一个作战略，一个作执行；海信有了周厚健在掌舵，于淑敏才能冲在前面；联想的柳传志充满了智慧，才有了杨元庆和郭为的发挥余地。可见，合理搭配形成互补，才能达到企业管理的更高境界。

很多人认为，找到一个合得来又互补的拍档不仅是困难的，甚至是危险的。与他们的想法不同，整天要与他辩论，说服他，多累呀。虽然有时候他是对的，但自己却感觉很不服。甚至有些人把见解不同上升到另一个高度，轻则分道扬镳，重则互相排挤和打击。

那么，在寻找互补搭档的时候，就要求你勇于突破自我。试想，搭档的想法如果和自己一样的话，搭档就失去了存在的意义。只要一个人就可以了，何必要有两个？尽管在接触、磨合中两个人经常有摩擦，有不同思维的撞击，但正是因为有这样的摩擦和撞击，才能碰撞出更新、更好的火花，对双方的成长和彼此的发展都是有利的。

一个人，无论在工作、事业、爱情哪方面，都离不开人与人之间的相互帮助。朋友就是如此，因为个人的能力有限，以及人际关系网的不够宽广，所以必须通过相互帮助实现目标。在自然界中也是这样，动物们相互合作，有利于防备捕猎、取暖和生殖。兽王更是利用了彼此之间的相互关系，以及在这种关系基础上建立起来的秩序和习惯，以达到最大的效益：可以吃得最多最好，可以占有最美的雌性和最年轻的雌性，等等。而耍单的动物，被淘汰者居多，无论其多么凶猛强悍。群居动物因为相互利用了对方的长处并借助对方的力量，因而更容易繁衍和生存，如蚂蚁、蜜蜂等。

快停止吧，无效社交

就人类社会和自然状况来看，孤单者是斗不赢团队的。一个人如果没有朋友，没有别人的帮助，他的境况会十分糟糕。普通人如此，成就大事业的人更是如此。如果失去了他人的帮助，不能利用他人之力，很多事业都无从谈起。

我们在借力的时候要考虑到施与受的平衡关系，不要忘记让别人获益。当你遇到可能对自己有帮助的人时，应当在能帮他的时候帮他一把，这样才能够为自己争取人脉，这样别人在关键时刻也会帮你。

一个感性的人在鼓动，一个理性的人在执行；一个外向的人在激励，一个内向的人在操作；一个人在思考，一个人在实践。这才是完美的组合，才是团队的合作。古人说：一阴一阳谓之道，其实合作的道也是如此。既然想成为一个成功的人，那么你找到与自己互补的另一个搭档了吗？

把客户当成朋友，让客户助你成功

善于争取客户是职场中一项非常重要的修炼。有的人性子比较直，认为想要争取谁，送份大礼不就行了。试想，你随便给客户送份厚礼，人家敢收吗？再说了，就算人家真的收下了，这种方式建立起来的感情也很可能是"一次性"的，难以像真正的朋友那样天长地久。所以，争取客户的功夫要下在平时，力气要用在细微之处。对一个平日里并不亲近的客户突然变得很热情，往往会吓人一跳，细水长流才是明智之选。

小王参加一个社交聚会，收到了很多人的名片，但是留下深刻印象的没几个。几天后，正值元旦，他接到一个电话，原来是在几天前那次聚会中见过面也交换过名片的"朋友"。这位"朋友"也没什么特别目的，只是想问候一下，祝福小王元旦快乐。虽然大家不太熟识，但这个问候却让小王感觉非常温馨。

不久，春节到了，那个朋友又给小王发了拜年的短信。由于元旦那次电话问候，小王对这位朋友还是有一定印象的。出于礼貌，小王拨通了对方的电话，给对方回拜了一个新年，并随便聊了聊家常。

就这样，一来二去，小王和那位朋友彼此越来越熟悉了，友谊自然也深厚了许多。

更为重要的是，小王是一位搞科研的学者，因为工作需要，经常需要订购试剂等实验用品。而那个朋友正是某公司的生物试剂销售专员。因为彼此需求让双方关系不断增进，慢慢地，小王成了那个朋友的老顾客。毕竟，同样的产品，同等的价格，谁不愿意从朋友那里购买，还能帮朋友提升些业绩呢？

故事中，那位搞销售的朋友多么聪明啊，为了把小王变成自己的客户，采用从一个小小的问候开始细水长流式的结交策略，最终实现自己的目的，从而提升了自己的工作业绩。

由此，足见和客户搞好关系不是一蹴而就的，是要有一个过程的。彼此从不认识到认识，再从认识到熟识，需要的不仅

快停止吧，无效社交

是时间，更是日常的感情联络。如果无视这个过程，想一步成功，只会让自己陷入尴尬和被排斥的局面。真正懂得争取客户的高手，往往能够从小事着手，从日常开始，哪怕是一句招呼、一声问候、一个小忙……唯有细水长流，才能让交情一直持续保持下去。

某业务员有一个客户，他只能在每年从8月中旬开始到9月底为止的这段时间里见到他，因为那是客户的公司准备财务报告的时期。还有就是每年5月的一天，当客户把纳税申报单带到办公室来的时候。"除此以外，我和他没有任何其他的联系。"

这个业务员有一天忽然心血来潮，邀请那位客户一起吃午饭。他回忆说："我们一点儿也没有谈生意上的事情，这一点，我有言在先。我发现，我们两个人都喜欢某位作家。之前，我发现了一位新作家，他的作品和我们喜欢的作家的作品风格相近，在我家里有这位作家的书，我想把它们送给那位客户以示友好。我把书带到办公室，包装好了以后寄给了他。"后来，他们两个又经常在一起谈论这个作家以及其他的一些话题。令这个业务员没想到的是，他从这个客户这里竟然又接到了很多生意。尽管那次午餐纯属业务员无意中想到的，却为他的业务迎来了更大的契机。

还有一个业务员，他每个季度都会给客户寄一些东西。他给他们寄去的不是销售广告信息，而是其他一些与客户有关的信息。比如，他从报纸或杂志上看到一篇和他的客户有关的文章，那是关于他们所处的行业的，他认为他的客户会对此感兴趣，于是就把文章寄给他们。在客户生日的时候，他会给他们打电话，而且会寄生日贺卡。通过这些业务之外的联系，这个业务员和他的客户一直维系着良好的关系，当业务员有事找他们时，他们总是乐于合作，而且也心甘情愿地为这个业务员介绍更多的生意。

年轻人和客户打交道，往往劲头有余但策略不足，想一口吃成个大胖子。正所谓"磨刀不误砍柴工"，要懂得先交朋友再做生意，如果一上来就要人家照顾你的生意，相信谁也不会买你的账。从日常的小事出发，一点一滴地积累客户对你的信任和好感。客户把你当成朋友，生意自然会水到渠成。

如果能被对方需要，自己也会变得很重要

事物都有其存在的特定价值：货币因流通的需要而存在，食物因饥饿的需要而存在，火因寒冷的需要而存在……人虽然与其他的事物不尽相同，但却同样有被需要的情感诉求，就像母亲被子女需要、情侣被对方需要一样。

真正聪明的人宁愿让人们需要，而不是让人们感激。因为，如果你能被他人需要，你就会在他人心中变得重要。有礼貌的需求心理比世俗的感谢更有价值，因为有所求，便能铭心不忘，而感谢之辞最终将在时间的流逝中淡漠。所以在对方需要你的时候，你才能觉得自己很重要，这是两全其美地经营我们的感情。

此外利用别人对自己的需要，不但能延伸我们的情谊，关键时候还能保护自己。

在酷爱占星学的法国国王路易十一的宫廷中养着许多占星师，其中有一个尤为与众不同。这位占星师曾预言一位贵妇会于三日之内死亡，结果预言成真。大家非常震惊，路易十一也被吓坏了。他想：如果不是占星师杀了贵妇以证明自己预言的准确，就是占星师的法力太高深了。路易十一感到了巨大的威胁，于是决定杀掉占星师，以摆脱自己受制于人的命运。

路易十一下令士兵在宫廷中埋伏好，只要他一发出暗号，就冲出来将占星师杀死。占星师接到路易十一的召见，很快便来到了王宫，路易十一一见他便问："你自诩能看清别人的命运，那你告诉我，你能活多久？"聪明的占星师稍做思考之后回答说："我会在您驾崩前三天去世。"

占星师的话令路易十一震惊，为了保住自己的性命，路易十一最终没有发出杀占星师的暗号。占星师凭着路易十一对他的依赖与需要，不单保住了性命，还得到了国王的全力保护，路易十一甚至聘请最高明的医生照顾他，享受了一生安康和奢华生活的占星师比路易十一还多活了好几年。

可见，让自己变得重要会使你人生之路更加平坦，也可以令你有更大的发展。而实现这一点最好的方法，就是让别人依赖你、需要你，一旦离开了你，他的计划就无法进行，他的项目就难以继续。在这样的相互关系中，只需一个小小的举动，就能带来无数的感激。需要能带来感激，感激却未必能产生需要。

正如卡耐基所言:"别指望别人感激你。因为忘记感谢乃是人的天性,如果你一直期望别人感恩,多半是自寻烦恼。"你的价值因别人的需要而存在,被人需要胜过被人感激,与其让对方感激你,不如让他有求于你。

借人之"势",让自己事业更成功

利用他人的优势弥补自己的不足,这是聪明人常用的成事之道。这样做可以把别人的优势变成自己的优势,把别人的力量变成自己的力量,从而加大自己成就事业的速度和力量。

犹太人之所以能在商界和科技界有众多的成功者,就是因为他们普遍都具有善于借助别人之智的本领。

犹太人密歇尔·福里布尔经营的大陆谷物总公司能够从一间小食品店发展成为一家世界领先的大型谷物交易跨国企业,主要因其善于借助先进的通信科技和大批懂技术、懂经营的高级人才。他不惜成本,不断采用世界最先进的通信设备,愿意付出极高的报酬请有真才实学的经营管理人才到公司工作。因此其公司信息灵通,员工操作技巧高超,竞争能力总是胜人一筹。

密歇尔·福里布尔虽然付出了很大代价取得竞争优势,但他借用这些力量和智慧赚回的钱远比他支出的多得多,可谓"吃小亏占大便宜"。同样,犹太大亨洛维格也是借用别人的力量来帮

快停止吧,无效社交

助自己完成目标的。

　　洛维格第一笔生意只是一艘船的生意。他向父亲借钱，让人把一艘沉入海底的柴油机动船打捞出来。这艘船已经搁置了很久，他用了4个月的时间将它维修好，并将船承包给别人，最终把父亲的钱还上之后，自己还从中获利50美元。洛维格很高兴父亲能借钱给他，他明白了借贷对于一贫如洗的人的创业是多么重要。可是，在创业初期，他总是被债务所扰，屡屡有破产的危机。他始终也没有跳出惯常的思维，开创出一种新境界。就在洛维格即将进入而立之年时，突然来了灵感。他想买艘一般规格水准的旧货轮，然后动手把它改装成赚钱较多的油轮。但他手里资金不够，为了达到这个目的，他找了几家纽约银行，希望它们能贷款给他，却一一遭到了拒绝，理由是他没有可供担保的东西。面对一次次的失望，洛维格并不气馁，而是产生了一个不合常规的想法。洛维格有一艘老油轮，这艘油轮仅仅能航行，他将这条油轮以低廉的价格包租给一家石油公司。然后他去找银行经理，告诉他自己有一条被石油公司包租的油轮，租金可每月由石油公司直接拨入银行来抵付贷款的本息。经过多番努力，纽约大通银行终于答应贷款给他。

　　洛维格尽管没有担保物，但是石油公司潜力很大，而且效益也很好，除非天灾人祸，否则石油公司的租金一定会按时入账。此外，洛维格的计算十分周密，石油公司的租金刚好可以抵偿他银行贷款的本息。这种奇异而超常的思维使洛维格敲开了财富的大门。

拿到银行的贷款后，洛维格就买下了他想要的货轮，然后动手将货轮加以改装，使之成为一条航运能力较强的油轮。他利用新油轮，采取同样的方式，把油轮包租出去，然后以包租金抵押，再到银行贷款，然后又去买船。就这样不断循环，像神话一样，他的船慢慢变多，而他每还清一笔贷款，便有一艘油轮归他所有。随着贷款的还清，那些包租船全部划在了他的名下。

由此可见，借助别人的力量成就自己的事业，可以起到事半功倍的效果。作为一名现代社会中的人，在拓展自己的人脉时，要能做到取长补短广交友，不应过分计较对方身上的缺点、身份、阅历等，而是应多看看别人的优点和专长，在需要时，把别人的优点和专长拿来为己所用，既弥补了自身能力的不足，又为自己事业的发展铺平了道路。

互利共赢的社交才是真正的好社交

一位心理学教授做过一个小小的实验。他在一群素不相识的人中随机抽样，给挑选出来的人寄去了圣诞卡片。虽然他认为会有少量回音，没想到大部分收到卡片的人都给他回了一张。而其实他们都不认识他啊！

给他回赠卡片的人根本就没有想过要打听一下这个陌生的教授到底是谁。他们收到卡片，自动就回赠了一张。也许他们想，可能自己忘了这个教授是谁了，或者这个教授有什么原因才给自己寄卡片。不管怎样，自己不能欠人家的情，给人家回寄一张总是没有错的。

这个实验虽小，却证明了互惠在心理学中的作用。它是人类社会永恒的法则，是各种交易和交往得以存在的基础，我们应该尽量以相同的方式回报他人为我们所做的一切。

如果一个人帮了我们一次忙，我们也应该帮他一次；如果一个人送了我们一件生日礼物，我们也应该记住他的生日，届时也给他买一件礼品；如果一对夫妇邀请我们参加了一次聚会，我们也一定要记得邀请他们到我们的聚会中来。

由于互惠的影响，我们感到自己有义务在将来回报我们收到的恩惠、礼物、邀请等。人与人之间的互动，就如坐跷跷板一样，不能永远固定某一端高、另一端低，就是要高低交替。一个永远不肯吃亏、不肯让步、不与别人互惠的销售员，即使成为赢家，暂时讨到了不少好处，从长远来看，他其实是输家，因为没有人愿意和他玩下去了。

中国古代讲究礼尚往来，这也是互惠的表现。这也似乎是人类行为不成文的规则。

一个销售员向朋友请教一件事，两人聚会吃饭，那么账单就理所当然应由销售员付，因为他是有求于人的一方。如果他不懂这个道理，反而让对方付，就很不得体。

在不是很熟悉的朋友之间，你求别人办事，如果没有及时地回报，会给你带来一些麻烦。你一直欠着这个情，如果对方突然有一件事反过来求你，而你又觉得不太好办的话，就很难拒绝了。俗话说："受人一饭，听人使唤。"可以说，为了保持一定的自由，你最好不要欠太多的人情债。

当然，在关系很亲密的朋友之间，就不一定要马上回报，那样可能反而显得生疏。但也不等于不回报，只是时间可能拖得长一些，或有了机会再回报。

一个永远不肯吃亏、不肯让步的人，即使得到好处也是暂时的，他迟早要被别人嫌弃和疏远。而一个善于与人分享一切的人，能赢得更多人的尊重，获得更和谐的人际关系。

让良好的社交为成功助力

人生在世，有时需要一个伯乐提拔帮助，有时又需要一个高人指点迷津，在得意时需要有人泼泼冷水，在失意时需要有人加油鼓励。其实，每个人身边总会有一些这样的人，关键时能助你一臂之力。只是看你能否识别出来，并且动用这些关系。

有时候遇到困境时，并不是没有出路，而是你没有想出来怎么开辟新的出口。这个时候，寻求别人的帮助，借来一点力量，就可以让自己突破重围，找到新的机遇。记住，要善于借力。个人的力量对自然、对社会而言都是渺小的。因此，要完成一件个人之力所不能及之事，须善于借用他人的力量，才能

快停止吧，无效社交

达到目的。

贵人最重要的作用就是助你一臂之力，让你顺利达成自己的目标，甚至超越别人的期望。有时候，你并不知道谁会是那个最终帮你超越自我的人。那就需要培养好人脉关系，让自己成为一个别人都愿意接近、都愿意帮助的人。

有良好关系的人，在工作和生活中办起事来自然会事半功倍。成功者都善于借力、借势去营造成功的氛围，从而攻克一道道难关，为他们的成功铺平道路。最重要的是，成功者还明白各种关系的良好互动，这是借力的第一步。

马克在索尼做人力资源主管的时候遇到了一件棘手的事。公司的一位员工在出差的时候摔折了胳膊。这样的事情以前从未发生过，公司怎么处理这件事，是否要赔付，赔付多少合适，都没有先例可以参照。这件事涉及员工的利益，老板要求马克尽快地处理，因为拖沓会显得公司对这件事不重视。要妥善处理这件事，必须兼顾到公司和员工的利益，对内对外都不能留下任何隐患。

马克一时无从下手，到了最后还剩半天的时间，他想到了外援。他给做人力资源的朋友们打电话，这些朋友们给他提供了至少10条有用的信息。根据这些信息，他马上拿出了这个事件的处理意见，还写了部门处理类似事情的流程，并上报。老板对此给予了极高的评价。

在成功地处理这件事情上，在大型跨国公司任职的朋友们给了他莫大的帮助。马克感慨地说："我常参加人力资源圈子里各方面的活动，并认识了许多同行，虽然大家没有固定在某一个时间见面，但经常通过电话沟通一些信息，形成了一个无形的关系网。如果谁有什么不懂的地方，只要打一个电话，大家都会积极热心地给予帮助。另外在专业方面，通过关系网里的人寻求帮助也不会出问题。"

得到老板赏识，避免工作中的错误，这就是人力资源关系网带给马克的好处。只要善于利用，一个人的人脉网络能够为他提供足够的资源和力量。你所交往的人们，包括你的亲人和朋友，以及你认识甚至不认识的人，都是你潜在的资源和能量，都会成为借力给你的人。

因此，有心人做人做事大都精通借助关系的力量和智慧之道利用别人的优势，成就自己的事业。

快停止吧，无效社交

第六章

该断绝的关系趁早断绝，
别让损友带你入歧途

社交不在多，有效则灵

"众人拾柴火焰高"，通常人们会认为人越多，人际关系就越充实，然而，事实并非如此。

当你受到了委屈，想找人聊聊天时，却发现自己虽然有很多的朋友，但是有的相距甚远，有的久未联系，翻遍了手机却找不到一个可供诉苦的对象；当你事业遇到困难，急需一笔资金周转的时候，你才发现围在身边的都是酒肉朋友，平时喝酒吃饭都很在行，可是一谈到钱，个个都像躲瘟神似的避之唯恐不及；当你的父母生病住院，而你在外地一时赶不到医院的时候，才发现在这偌大的城市中居然找不到一位能代替你临时照顾父母的人……如果遇到了这些情况，那说明你的人脉有问题了，也可以说虽然你拥有很多的朋友，但是人脉的支持力很低。

其实，事物的发展有多个阶段，在人脉发展的最初阶段必定是人数愈来愈多的时期；否则，没有一定的人数基础，人际关系是不可能充实的。然而最重要的，还是你能否有意识地增加人数，而不是盲目地将所有认识的人及其人际关系统统纳入自己的人际关系网。我们在生活中也深有体会，名片与电话簿上的电话号码越来越多，但是好多是用不上的。

快停止吧，无效社交

所以，真正的人际关系不是用名片或电话号码的多少来计算的。尽管某个时期的人数不断增加，却并非意味着人际关系进入了充实期。充其量，只能算作通往充实期的准备阶段而已。

　　当累积的人数增加到一定程度时，你就必须进行整理了。首先的区分是，你应该将仍然保持联络的和已中断联系的人际关系区分开来。经过整理，仍然保持联络的名片张数必将减少。因此，只看到名片张数增加就高兴不已的人，是根本无法正确建立人际关系网络的。不过，名片不断增加的时期也是必要的。倘若不经历这一时期，必定无法抵达充实期。因此，在整理名片之际，你不必因为名片张数减少而担忧。

　　相反，这是你人际关系整体充实的证据。试想一下，当你目前的工作告一段落，展开新工作时，名片的张数也必定会随之增加，尤其你跳槽或者更换职业时，这种情形最为明显。当新工作开始步入轨道正常运转时，人际关系又会逐渐减少。中途因工作关系参加各种活动时，名片又将再度增加。这种增减的变化，是人际关系发展的必要过程。

　　如果只盲目追求名片张数的不断增加，人与人之间的关系必定会越来越薄弱。因为比起和熟人碰面的机会，你会更热衷追求结识新人的机会。那么，在这种情况下，熟人碰面的机会都没有了，还谈何人际关系的充实呢？只有减少不必要的无效社交，人与人之间才能缔结出深厚的交情。

有些人带来机遇，有些人则会让你陷入僵局

六度分隔理论告诉我们，最多通过 6 个人，我们就可以和世界上任何一个人取得联系，进而通过交往成为朋友。可是，并不是每一个人都值得我们花费精力与其交朋友，因为有些人带来机遇，有些人则会让你陷入僵局。带来机遇的是"良友"，而让我们陷入僵局的就是"损友"了。

看看我们的周围，生活中既有助人为乐的好人，也有作奸犯科的坏人；工作中会遇到无私奉献的君子，还会有处处刁难的小人。与人交往自然什么样的人都可能遇到，结交到好朋友或者贵人，对一个人成就一番事业无疑会带来帮助；同样，交到不好的朋友甚至"损友"，对一个人的负面影响也是难以估量的。因此，为了取得成功，每个人都应拒绝那些会让自己陷入僵局的人。

根据美国研究人员的发现：如果一个人感到疲惫、崩溃、缺乏自信或者生活和工作陷入僵局，不只是与自己的个人能力有关，还可能与身边出现"损友"或与某类"损友"保持友谊有关系。所谓"损友"，就是指那些用言语或行为给人带来困扰，让人感到精疲力竭、灰心丧气，最终破坏别人生活的朋友。

其实，任何一个人都清楚"损友"不值得交往，自然也不会喜欢和这类人保持人际关系。有些"损友"是显而易见的，他们

快停止吧，无效社交

有能力也有意识地勾起别人的痛苦回忆，并且在交往过程中让别人不舒服、不痛快。针对这样一眼就能看出的"损友"，任何人都可以毫不迟疑地痛下决心，坚决对其说"不"，并立即剔除。

但有些"损友"却是隐蔽而难以发觉的。古语云："画虎画皮难画骨，知人知面不知心。"很多"损友"并不是以为非作歹、大奸大恶的形象出现。相反，我们很可能都曾被他们的一些行为感动过，或从小和他们一起成长，直到某一天才不知不觉发现。恰如人们通常所说的"损友"真的是常常触到自己的痛处，却又偏偏顶着朋友的帽子，让人感到不舒服却又无从下手，恼怒却又很难磨开面子。

根据美国心理咨询师的综合统计，总结出了几种"损友"的类型：

（1）阴险狡诈型。这样的朋友会打着关心别人的幌子，经常暗地里批评别人的外表、习惯及行为方式。

（2）滔滔不绝型。他们想尽办法要成为被关注的焦点，让别人围着他转，只有他能说话，别人只能当听众。

（3）自私自利型。以友谊为要挟，不管别人死活，逼别人迁就，比如明知别人第二天一早有重要的约会，还要别人陪他玩到夜深。

（4）不讲信用型。约好了去逛街，他却临时变卦，会毫不犹豫地在最后一刻爽约。

（5）多愁善感型。他们总是向别人哭诉抱怨，却不去解决问题，令别人筋疲力尽，把别人当作不收费的治疗师。

由此可见，"损友"其实在社会中并不少见，相信每个人身边都会有那么几个"损友"。对于不同类型的"损友"应该采取不同方式坚决对其说"不"：

（1）对于暗中破坏型的朋友。在与他们交往的过程中，要有鉴别、有选择性地听取他的言语，特别是批评性言语，考虑其言语中的合理性和科学性成分，必要时就"走自己的路，让别人说去吧"。人生是一个从失败中吸取教训建立自信的过程，重点不是改正缺点，而是发挥长处。一味地提示缺点，使人产生心理暗示，强化缺点，只能使事情更糟糕。

（2）对于滔滔不绝型的朋友。一方面要倾听其言语，这可能是朋友之间一种愉快的分享或不快乐的分担，这是作为朋友的一种义务，但在适当时机我们要表达出自己的意见和建议；另一方面，如果仅仅是把我们作为他的一个听众，那么我们就可以在听他喋喋不休时，或者心不在焉，或者做自己的事，必要时告诉他自己有太多的事需要完成，等完成这些事之后再听他说，这样他就很知趣地少说或不说了。

（3）对于自私自利型的朋友。可以根据他需要帮助的实际程度提供必要的帮助，尽朋友之义，要让他知道你是一个有情有义之人，也是一个有原则的人；而不能让其认为你是一个容易受到要挟的人。

（4）对于不守信用型的朋友。对与他的约定不要太当真，必要时自己故意失约几次，"以其人之道，还治其人之身"，让他知道"毁约"的影响与滋味。对朋友守信，不要把不守信的人当作

快停止吧，无效社交

你的朋友。

（5）对于多愁善感型的朋友。一方面在一定程度上倾听他诉说，给予一定安慰；另一方面也要告诉他，你对他的事情无能为力，建议或推荐他到专业的心理咨询师那里，效果可能会更好。每个人都应该为自己负责，所以他也没有权利要求朋友听他无休止的抱怨，同样你也没有义务为只会抱怨却不去解决问题的朋友当治疗师。

每个人都需要朋友，每个人都希望多些"良友"，少些"损友"。中国有句古话叫"己所不欲，勿施于人"。因此，除了专家建议的定期清理自己的朋友资源外，我们也要不断反省自身，说不定我们自己就是别人眼中的"损友"。

给你的社交把把脉，远离负能量的朋友

有些时候，我们会因为追求广泛的人脉，一不小心让人脉账户里生出一些"杂草"。这些"杂草"，就是我们在聚集人脉的时候交往到的一些"不良人士"。在我们的一生中，我们结交的朋友和与朋友相处的环境，对我们的一生会产生很大的影响。可以说，有着怎样的朋友，就会有着怎样的命运，总之人脉圈就像一个大染缸，能把你染红，也能把你染黑，关键在于自己的选择。

《伊索寓言》中有一个故事：

一只虱子常年住在一个富人的床铺上，由于它吸血的动作缓而柔，富人一直没有发现它。一天，朋友跳蚤拜访虱子。虱子对跳蚤的性情、来访目的，一概不闻不问，热情招待。它还主动向跳蚤介绍说："这个富人的血是香甜的，床铺是柔软的，今晚你一定要饱餐一顿！"跳蚤梦寐以求，当然满口答应，巴不得天快黑下来。

当富人睡熟时，早已迫不及待的跳蚤立即跳到他身上，狠狠地叮了一口。富人大叫着从梦乡醒来，愤怒地令人搜查。身体伶俐的跳蚤一下蹦走了，不会跳跃的虱子自然成了替罪羊，身死人手。它是到死都不清楚引起这场灾祸的根源。

正如这个寓言所要传达的意思，在选择朋友时要有自己的准则，要努力与那些乐观进取、品格高尚的人交往，这样可以保证自己有一个良好的学习和生活环境，让自己获得丰富的精神食粮以及朋友的真诚帮助，在好的环境中潜移默化地令自己的境界达到更高的程度。这正是孔子所说的"无友不如己者"的意思。

相反，如果你择友不慎，结交了那些行为恶劣、思想消极、品格低下的人，你会陷入这种极坏的环境难以自拔，甚至受到"恶友"的连累，成为无辜受难的"虱子"。

假如我们已不慎交上坏朋友，应采取敬而远之的态度。

拒绝无谓的交际应酬，远离"社交强迫症"

一般而言，积极参加社会中的各种交际应酬活动，是一个人拓展、积累人脉资源的有效方法，特别是对一些刚刚步入社会、人际交往范围比较窄的人，作用更加明显。但任何事情都有两面性和局限性，各种交际应酬活动也有好坏之分，有益的交际应酬固然可以丰厚人脉。但在现实社会中也有很多无谓的交际应酬，参加这样的活动有时不仅不利于人脉资源网络的建设，反而可能对自己的人脉资源网络建设有害。因此，一个人对社会中的各种交际应酬活动要有分辨能力，对无谓的交际应酬应坚决拒绝。

现实生活中，无谓的交际应酬有很多，如婚宴、乔迁、满月、顺风送行、接风洗尘等不一而足，很多原本可以结交更多人的交际应酬活动，也已经蜕变成了吃喝斗酒，而非必要的人际交往的活动。还有的被组织者变成了谋取私利的手段，完全背离了与人交往的目的。参加这样的交际应酬活动，一个人一旦缺乏自律、把持不住，轻则伤害自己的身体健康，重则触犯法律法规而受到法律的制裁。

一个人的精力和时间是有限的，因此应该对别人邀请的交际应酬活动有所选择。对有利于自己人脉资源网络建设的应酬活动要积极参加；同时，要坚决拒绝无谓的交际应酬，以便节省时间和精力，通过其他方式更好地与人交往。

生活中，热衷于无谓交际应酬的也大有人在。有的人喜欢"吃请"，有的人喜欢"请吃"。他们认为，"吃请"证明自己有人缘、有面子和有身份；而"请吃"证明自己很有号召力、很有影响、很有能量。有人以饭局多自豪，甚至美其名曰：吃得开。

其实，被人称为"吃得开"似褒实贬，并不一定就是人脉广，更多的反而会让人联想到酒色的陷阱、权钱的交易，实非有德之人所为。在构建自己的人脉资源网络时，不仅要有意识地清除这样的人，而且更要拒绝参加这类无谓的交际应酬活动。

要想构建自己的人脉资源网络，就要拒绝无谓的交际应酬活动。当然，这个问题在构建人脉资源网络的最初阶段不是特别明显、突出。但随着人的成长和人脉资源网络的丰厚，这个问题将会越来越突出，如果不加以注意或有所放松，不仅会对人脉资源网络的建设造成影响，而且必将阻碍自己成功的步伐。

过多的交际应酬累死人，不好的交际应酬更害人，因此，自己要把握好交际应酬活动的限度。要把握好交际应酬的限度，就要在与人交往中坚持合而不同、同而不污的原则。所谓合而不同，就是求大同而存小异，保持自己相对的独特性和品格。同而不污的意思是要坚守做人的道德及国家的政策法规这条底线，在诱惑面前一定要站稳脚跟，不能干的事、不能说的话、不该去的地方，坚决拒绝，保持自己做人的准则，绝不随波逐流。

现代社会，很多人在人际交往中往往做不到拒绝无谓的交际应酬，原因主要是他们中有的人好面子，出于为别人着想，忽视自己的感受。还有的人担心拒绝可能引起对方的不快或触怒对方，从而给自己带来不必要的麻烦。

其实，在与人交往中，拒绝也要讲究技巧和方法，特别要注意的是，千万不要用强硬的语言指责别人，语气尽量委婉。学习、掌握拒绝的方法可以从简单的活动开始，如拒绝别人的饭局，拒绝简单的要求，然后再循序渐进。时间长了就会感到，拒绝也是可以掌控的生活技巧。

拒绝无谓的交际应酬，要有礼貌而且必须坚决。很多人容易犯的毛病就是太优柔寡断，以这样的态度回应别人，会让人觉得事情还有商量的余地。因此如果要拒绝，就要让别人清楚地知道自己不会再改变主意了，但是语气绝不能粗鲁。

拒绝无谓的交际应酬，要抢先一步表达。如果觉得对方将会邀请自己参加聚会，可以在别人说出口之前先告诉别人自己很忙。

拒绝无谓的交际应酬，可先表现出对交际应酬很感兴趣，然后说有其他的任务而实在无能为力，还可以推荐其他的适当人选或者可行想法。一些人会觉得这种被拒绝的方式还不错，至少你也在帮他解决难题。

拒绝无谓的交际应酬，最好先多谢对方想到你，同时说出拒绝的理由。一旦说出理由，则只需重复拒绝，最好不要与对方争辩。

总之，要想构建自己的人脉资源网络，只有把握好拒绝无谓的交际应酬这个原则，不把精力浪费在不值得的人和事情上，才能有时间和精力投入到自己成长、发展有益的事之中。生活中无谓的交际应酬很多，但一个人的精力和时间是有限的，因此，要充分认识拒绝无谓的交际应酬的重要性，并把握住自己的底线，才能真正建设好自己的人脉资源网络。

像打扫垃圾一样，将"坏"朋友清理出去

电脑运行慢了需要清理垃圾文件，同样，人际关系网也需要定期清理。在这个圈子文化越来越重的年代，拥有一个适合自己发展的圈子无疑是最重要的。有些人就抱着"我人缘好，每个人都是我的朋友"的心态来交朋友，最后不但没有建立起好的关系网，而且让自己的人际关系腐朽不堪。

很多人认为，认识的人越多，在社会上行走越方便。然而事实却不是这样，真正充实的人际关系中，人的数量往往不多。当然，首先要认识很多人，如果没有这个做基础，人际关系也充实不起来。

对圈子和人际交往来说，所谓的清理就是定期把那些"坏"朋友清理和优化掉。如果你对自己的人脉不闻不问，任其发展，那些好的人脉关系也会被污染，甚至会流失。试想一下，一个恶习遍布，人人互相猜忌的环境，能产生良好的人际关系吗？所以说，圈子一定要纯洁。

人脉圈就像一个大染缸，可以把你染红，也可以把你染绿，它会成为你前进最好的助推剂，也会变为你进步路上最大的羁绊。关

　快停止吧，无效社交

键在于你的清理和优化，这需要投入"心血"在里面。只有这样，你才能建立起运行良好的圈子，从而让事业和生活健康地发展。

有的人可能觉得清理不清理都无所谓，自己不会被"坏"朋友影响。可是，别人对你的影响是潜移默化的，不是你在短时间内能察觉的。

邢伟伟大学毕业后进入了一家国企，不久就结识了一位好朋友李连和，二人非常投缘，天天称兄道弟的。每天中午都一起吃饭，谈天说地。李连和从小父母离异，是爸爸一个人带大的。虽然表面上看他是个很随和的人，其实深交之后会知道他很敏感、自卑。

久而久之，邢伟伟也变得跟李连和有些相似了，经常杞人忧天，错怪他人。但是他自己没有丝毫察觉，家人都为他的变化感到很头疼。

人和人之间在一起时间长了，本来就会相互影响：如果你朋友拜金，时间长了你也会觉得"金钱至上"；如果你的朋友都是些不务正业的花花公子，你变成花花公子的概率也随之增大；如果你的朋友喜欢欺负弱小，你也很可能染上这个坏毛病。

既然如此，我们就应该过一段时间回顾一下和朋友们相处的日子，检查一下是不是出了什么问题，以便在圈子中始终保持纯洁和进步。

怎么检查自己的人脉圈呢？你不妨扪心自问一下，自己和谁在一起的时间比较长？谁对自己更有帮助？若按如今的情况一直交往下去，会有什么收获？常问这样的问题，你就会对自己和朋友有个理性的认识，知道哪些人值得自己深交，需要多花时间去维护；哪些人不必交，需要赶紧从圈子里剔除，从而脱离不必要的应酬。

很多时候你也会和一些人失去联系。如果是因为理念不合而分道扬镳，说明时间在帮你清除"杂草"，不需要伤心难过。而剩下的"杂草"怎么处理则应该像清理你的衣柜一样，留下最合适自己的，剔除不合适的，这样就能留出更多的空间给好的人脉。

清理人际关系网是为了让你苦心经营的好人脉有更好的生存环境。虽然这样你会花费更多的精力，但收获却更大。

朋友相处，不要为人情包袱所累

很多人都知道"人脉"对成功的重要性，都懂得"感情投资"，放长线钓大鱼。同时人们都很爱面子，如果谁欠了别人的情分太多，就会感到有失面子，人情就会像包袱一样使人不堪重负。

人说"滴水之恩"尚需"涌泉相报"，若欠的人情多了，你能有多少个"涌泉"呢？这是一个方面。另一方面，人情也需要保持一种大体上的平衡，你欠了别人一份小情，如果还了大情，对方反而会不自在；而若欠得久了，还不上这份人情，对你来说又是一种包袱、一种负担。所以，聪明的人总是尽量不欠别人太多的人情，也争取找机会把人情还上，以卸掉在自己心头的人情

快停止吧，无效社交

包袱。

《论语》上说："惠则足以使人。"意思是说，给你恩惠就足以使唤你了。所以，面对朋友施与的小恩小惠、大恩大惠，在接受时要慎重，能不接受的尽量不接受。"吃了人家的嘴软，拿了人家的手短"。嘴软了，在人家面前说话便不硬气；手短了，在人家面前就难以再伸手。

然而，人与人之间的礼尚往来是极其正常的。别人带来的东西，你不收，他觉得你不给面子，你再让他带回去，更是有损他的尊严了。所以，你也不能太驳人家的面子，盛情难却，你可以暂时收下，但你必须根据对方礼物的轻重将这个人情还回去。你要去回访他，带着差不多的恩惠，两下扯平，也不会伤了和气。

人与人之间布施人情的惯常手段就是请客吃饭。遇到邀请时，脑袋要转得快些，要知道对方是谁，要弄清关系网，搞清朋友圈，然后，再想想该接受还是推掉。

避免人情债，要有自知之明。

自己应该是最了解自己的，能吃几碗饭，能干多少事。然而，有的人就爱打肿脸充胖子，认为自己特能，别人一求，马上一拍胸脯，包在身上。更有甚者，明知自己办不成，还硬往自己身上揽。

三国时的蒋干就是这么一个人。他自以为了不起，认为自己的口才可以同春秋战国联横、合纵的雄辩天才相比。他向曹操自荐去说服周瑜投降曹操，而且信心十足。他青衣小帽，再加一个书童，一叶扁舟就去见周瑜。周瑜岂是无能之辈？年纪轻轻便能统帅百万军队,岂是一个同窗的说客可以动摇的?蒋干来至周瑜的兵营,连三句半都没说上,就被周瑜耍得团团转,最后走得也不正大光明,带回的密信让曹操上了当,损失两员大将。

蒋干就是有点自不量力,事没办好不说,居然还上了人家的当。办事千万别逞强,办不成的事,要老实地说,没什么不好意思的。

简而言之,别人之所以来找你,就因为他也办不成,别因为你帮不上别人的忙而心怀愧疚。与其将事情搞砸,还不如让他另请高明。这样可以避免背上人情债,你的人生之路即会轻松很多。

走过同样的路,未必是同路人

白居易以《琵琶行》中一句"同是天涯沦落人,相逢何必曾相识"名动天下,仿佛他与琵琶女的情感在明白彼此境况相近的那一瞬间拉近了许多。这就是所谓的"共鸣",那些曾经有过共同经历的人,更容易互相靠近,也更容易成为朋友。

从心理学的角度讲,人与人之间拥有同样的体验或秘密,能加强彼此的关系,更能强化亲密和信赖的程度。人所共有的体验愈是特别,愈能让当事人拥有同伴意识。譬如"战友"这个词,对于某个时代或者某个特定环境的人而言,是会有他人所不能体

快停止吧,无效社交

会的特殊感情，只要说一句"我也是某某部队的"，就可让初次见面的对方倍加信任，因为它确实能让人回忆起战场上或某次抢险中战友们同在生死线上浴血奋战的情形。又如许多人都认为同学的友谊是最真诚的，走出校门踏进社会之后，如果初次见面的人得知彼此是校友、学友，都会产生一种莫名其妙的亲切感，因为昔日美好的校园生活能让人回忆起当初的浪漫、纯真，由于怀念过去而认同了面前的人。

但足够理性的人，不会被曾经的共同经历打动。或许共同的经历可能产生共同的情感，却也并非绝对。毕竟，相同的人生经历不能证明一个人的品质，相反，我们倒要提防那些用相同经历来与我们套近乎的人。

渴望真挚的友情是人的天性。但纯真的友情几乎成了奢侈品，所以人们更希望能得到它，甚至有意自己美化某种关系，并升华为友谊，从而轻易地相信它。最典型的是同学关系、战友关系等。

无论眼前面对的是一个曾经与自己有过多少共同经历的人，都需留个心眼，毕竟那些共同的过去无法代表现在，也无法代表他的真诚。冷静客观地面对才不至于稀里糊涂地沦为别人利用的工具。

正如法国批判现实主义作家巴尔扎克所说："没有弄清对方的底细，决不能掏出你的心来。"经历是财富，不同时段的经历造就不同的财富。即便是有过相同经历的人，也只有拥有某一种共同的财富而已，并不代表整个人生的财富相同。

与朋友安全地常来常往

　　动物园引进了两只狼，狼很小，园内一时找不到可以供幼狼生活的地方。一位饲养员提议将两只幼狼放到猴山饲养。动物园领导采纳了这一建议。猴子们见来了两个新面孔，一时不知所措，都不敢轻举妄动。刚开始，小狼总是摆出一副凶狠的样子，一声嗥叫，猴子们立刻躲到树上去。狼对着树上的猴子，瞪着两眼，一点办法也没有。猴王若有所思，派遣一只身手敏捷的大猴去"刺探"敌情，发现了狼不会上树这个秘密。猴子们放下心来，它们开始挑逗狼，甚至故意惹怒狼，因为大家都知道，只要爬到树上就没事了。猴群公然与小狼抢夺食物，还有意跳到狼身上狠咬几口，然后一哄而散。狼与猴子相处时间长了，嚣张气焰一点也没有了，只有被动挨打的份儿。

　　猴子从怕狼到平视狼，再到欺负狼，就在于猴子掌握了一条最有价值的信息：狼不会上树，并充分利用这一点占尽优势。

　　在现实中，如果知道你的对手是非常危险的人，那么事先收集一些有价值的信息，这会让你先发制人，抢占先机。

　　任何人都有其弱点，和人竞争就要找到其弱点进行攻击。提高你获胜概率的最好的方法之一就是分析你的对手，针对他的特点，用你的长处去对付他的短处。尤其是在朋友圈中，当你不知

快停止吧，无效社交

道谁可能成为知己，谁可能成为竞争对手的时候。

　　每个人的思维信仰、生活习惯、学历阅历、脾气秉性、素质修养等都是不同的。如果我们善于分析这些信息，就能做到充分了解周围的朋友，知道他的优点和缺点、长处和短处，就会分辨好坏朋友，甚至有针对性地选择与之相处的方法。

"刺猬哲学"才是交友之道

　　叔本华曾经讲过一个"刺猬哲学"：一群刺猬在寒冷的冬天相互接近，为的是通过彼此的体温取暖以避免冻死，可是很快它们就被彼此身上的硬刺刺痛，相互分开；当取暖的需要又使它们靠近时，又重复了第一次的痛苦，以至它们在两种痛苦之间转来转去，直至它们发现一种适当的距离使它们能够保持互相取暖而又不被刺伤为止。

　　正如一句话说得好："距离产生美。"再好的朋友如果天天见面，也未必是一件好事。保持一定的距离，这样才能让友谊之情长久！

　　交到好朋友难，而保持友情更难。彼此是好朋友，那为何还要保持距离？这样会不会让朋友间彼此疏远，显得缺乏继续交往下去的诚意呢？你肯定会为这些问题担心。但事实证明，很多人友情疏远，问题就恰恰出在形影不离之中。

距离是人际关系的自然属性。有着亲密关系的两个朋友也毫不例外。成为好朋友，只说明你们在某些方面具有共同的目标、爱好或见解，能进行心灵的沟通，但并不能说明你们之间是毫无间隙、可以融为一体的。任何事物都存在着其独自的个性，事物的共性存在于个性之中。共性是友谊的连接带和润滑剂，而个性和距离则是友谊相吸引并永久保持其生命力的根本所在。

人一辈子都在不断地交新的朋友，但新的朋友未必比老的朋友好，失去友情更是人生的一种损失，因此要强调：好朋友一定要"保持距离"！

朋友相处，重要的是双方在感情上的相互理解和遇到困难时的互相帮助，而不是了解一些没有必要的东西。也可以说，心灵是贴近的，但肉体应是保持距离的。

中国古老的箴言：君子之交淡如水，便饱含了这一道理。那么，真诚地对待你的朋友时，保持距离、用心经营才是上上策。

快停止吧，无效社交

图书在版编目（CIP）数据

快停止吧，无效社交 / 田宇著. -- 北京：中国华
侨出版社, 2020.9（2020.10重印）

ISBN 978-7-5113-8012-8

Ⅰ.①快… Ⅱ.①田… Ⅲ.①社会交往—通俗读物
Ⅳ.①C912.3-49

中国版本图书馆CIP数据核字（2020）第018058号

快停止吧，无效社交

著　　者：田　宇

责任编辑：黄　威

封面设计：冬　凡

文字编辑：胡宝林

美术编辑：潘　松

经　　销：新华书店

开　　本：720mm×1020mm　　1/16　　印张：5　　字数：150千字

印　　刷：三河市恒升印装有限公司

版　　次：2020年9月第1版　　2020年10月第2次印刷

书　　号：ISBN 978-7-5113-8012-8

定　　价：35.00元

中国华侨出版社　北京市朝阳区西坝河东里77号楼底商5号　　邮编：100028

法律顾问：陈鹰律师事务所

发 行 部：（010）88893001　　　传　真：（010）62707370

网　　址：www.oveaschin.com　　E－m a i l：oveaschin@sina.com

如果发现印装质量问题，影响阅读，请与印刷厂联系调换。